公民美德和公共學校教育
爲民主培養的公民

Civic Virtues and Public Schooling:
Educating Citizens for a Democratic Society

Patricia White 著

但昭偉　洪銘國　譯

五南圖書出版公司 印行

中文繁體版序

　　我在中學時就對公民教育有了興趣。我讀的中學並沒有與公民教育有關的正式課程，但那學校的歷史老師頗有新意，他們在課後辦了非正式的辯論活動，辯論的主題往往與公民教育有關。在我教職生涯中的第一個學校裡，我擔任德文老師，那學校的正式課程裡同樣沒有公民教育，但透過學校的課外活動，學生仍有機會接觸到公民教育的活動，比如說，我就曾帶領過幾個學生，從位在鄉下的學校遠赴倫敦的國會，旁聽了一場國會中的辯論。我自己的就學和初任教師的經驗也談不上特殊，在 1950 年代英格蘭的正式課程中，並沒有公民教育這個科目。

　　在我任教的第一所中學裡，我很快地就意識到，那學校的整體氛圍及種種措施，都不利於培養具有創意及批判力的公民。校長掌控了學校所有的教師和學生，甚至管到了教職員的穿著。假如有人認為「為了學校的健全發展，就應該把學生的聲音納入考量」，這種想法必然會讓校方瞠目結舌，這是因為在學校裡只有最資深的教師才有發言權。

　　事實上，沒有人一生下來就會有民主素養，民主素養是學習才會有的。也就是說，假如民主要能蓬勃發展，公民勢必要掌握民主的價值、熟悉民主運作的方式及機制，以及具備民主的品性。這些素養當然可以透過非正式的管道來培養，比如說，家庭、自願性的青年社團組織、職場及大眾傳播媒體等。但這些非正式管道並不可靠，透過這些非正式管道的學習及成效充滿了變數。我從以前到現在一直都認為，正式的教育系統在為民主教育奠定妥當及穩固的基礎上，可以扮演一個重要的角色。

　　1960 年代我在倫敦大學教育研究院（IoE）讀書及任教，當時我就試圖為民主社會應該實施政治教育找到一個理論基礎。在 1971 年，我發表了第一篇學術論文〈教育，民主，及公共利益〉（Education, Democracy, and the Public Interest）。這篇論文的核心主張就是：著眼於公共利益，我們應該推行許多的公共政策（如國防或良好的公共交通系統），但在諸多聚焦於公共利益的政策當中，最不可或缺的就是合宜的政治教育。

接下來的挑戰就是：這一套爲民主而建構的政治教育究竟應該是個什麼樣子？在這樣子的教育架構下，學校的課程、組織及家長對孩子的教育權應該做什麼樣的調整？在我 1983 年出版的書《宰制之外》（*Beyond Domination*），我試著處理這些問題。在那本書裡，我論證道，民主的特色在於它的價值（也就是正義、自由、對個人自主的尊重），而不在於體現那些價值的體制和種種的實際措施（如，自由選舉、合法的反對力量，或自由的工會組織）。我並不是說那些民主體制或種種實際的措施不重要，它們很重要，也有價值，但前提是它們要能體現前述的民主價值，假如它們做不到這一點，我們就要修正它們或想辦法找出新的做法。在公民能夠力求實現民主體制所預設的價值的前提下，民主才能進步發展。

在 1980 年代，我認爲民主社會中公民教育的重點，就在於培養學生了解民主的價值及它們如何能夠體現於各種的體制及實際措施當中，伴隨著這些了解的是與民主有關的技能習得。但嚴格說來，這種民主政治教育的藍圖有值得注意的缺失。那就是，這樣的藍圖並沒有認知到「與民主有關的認知及技能，必須由具良好品性的人來擁有。」也就是說，只有公民具備了民主的品性，民主才能蓬勃的發展。

這就是我在 1996 年出版《公民美德和公共學校教育》（*Civic Virtues and Public Schooling*）的主要理由。在這本書裡，我強調的重點是公民品性（也就是公民美德），而我深入地交代了七個民主品性。也許讀者會很驚訝地發現，那七個品性不包括正義、容忍，及個人的自主。之所以如此，是因爲那些品性一直都被當做界定民主的核心品性，所以長久以來都受到特別的關注。據此，我在這本書裡聚焦於民主人應該具備的其他品性，如勇敢、盼望、信任及誠實等。這些品性在民主社會中必須以特定的

形式來表現，我想要在這本書中，較詳細地交代這些品性在公民教育當中的基本性質及它們所扮演的角色。我在這本書所交代的諸多民主品性當然沒有窮盡所有的民主品性。其他重要的一些品性，如感恩、忠誠、憤怒及妥協的意願等，與民主社會中的公民生活也都有直接的關聯。

我與但昭偉教授曾在 1996 年的春夏之際，當面討論過《公民美德和公共學校教育》當中所交代的那些品性。他當時在牛津大學擔任訪問學者，每星期三會從牛津到倫大教育研究院和我會面。那是一段令人愉快的經驗。對我而言，能有一位如此專注研讀自己作品且提出許多批判性意見的讀者，實乃極大的殊榮，這是我身為作者夢寐以求之事。1996 年12 月，我和我的先生 John White 連袂到臺灣講學。在這次講學中，我們有機會和但教授以及他的學生做進一步的學術交流。基於種種的機緣，當但教授在二十年後詢問我是否可以翻譯這本書的時候，我很開心地就答應了。我認為他很合適來翻譯這本書，在此我要表達對他的謝意。

就在我為這本書的繁體中文翻譯本寫序之際，這世上有許多的民主國家似乎正受到獨裁體制的挑戰。我希望但教授和我對民主及民主教育的理解，不僅能讓支持民主體制的人不對民主灰心喪志，更能持續努力地來促成民主的繼續發展。這是一個不能間斷的工作。

Patricia White

2023 年 12 月 1 日於倫敦

譯者序

我們為什麼要重新翻譯 Patricia White 的 *Civic Virtues and Public Schooling*

既然大陸學者朱紅文已經翻出了 Patricia White 在 1996 年出版的《公民美德和公共學校教育》（*Civic Virtues and Public Schooling: Educating Citizens for a Democratic Society*）[1]，我們為什麼又要重新翻譯？

第一個理由可說是針對人（*ad hominem*）的理由。我們覺得，由有民主生活經驗的臺灣學者來譯介這本書可能會更達意及準確。許多大陸學者對西方的民主政治沒有第一手的經驗，甚至因為意識形態的關係而對民主政治多少有些不以為然，因而可能對民主政治的要旨沒有辦法做深刻的把握。臺灣版的兩位譯者分別留學英、美兩國，對英美民主政治及生活方式有實際的接觸，也由於本書作者和譯者有長期的來往經驗，在翻譯過程中，如遭遇困難，也會向原作者求援，在原作者的協助下，如此的中文譯本會有比較好的準確性。

第二，大陸學者朱紅文的翻譯在先，我們的翻譯在後，我們因此有後進的優勢。在翻譯本書的過程中，我們不時參照朱紅文的譯本，發現他的譯本中有些可議之處（如語意不順、誤譯、刻意刪除原文中的片段等），也時有兩岸用語的不同，為了精益求精及臺灣讀者，將這本書重翻一遍也不算浪費資源。

第三，對中文世界（臺灣）的讀者而言，Patricia White 的這本書起碼有幾個地方會為難我們：

1. Patricia White 的哲學背景深厚，這本書裡有大量的西方哲學。此外，

---

[1] 朱紅文將書名譯為《公民品德與公共教育》。北京：教育科學出版社。1998。

她長期對文學的興趣，使得這本書也內含有許多英美文學的素材，加上有許多人對英國社會的陌生，乃至於對民主政治運作的不了解或不同情。種種機緣，都會使得中文世界的讀者缺乏足夠的背景知識來讀懂這本書，或掌握這本書的深意。

2. Patricia White 告訴過本書譯者，這本書在撰寫時，已經考慮到一般人或教育工作者的閱讀習慣，所以在造字遣詞或文字的處理上，已盡可能讓人覺得平易近人。但畢竟這還是一本教育哲學方面的著作，有著教育哲學論述的嚴謹與推理，對不習慣嚴謹推理的讀者而言，可能還是覺得這本書的難懂與讓人不能親近，我們猜想中文世界的讀者，絕不會認為這本書的文字清暢易懂。

3. 從這本書的篇幅來看，它其實是本小書，這是它的優點之一，可以讓我們在相對短的時間當中，接觸到許多有趣和深刻的議題，但這也可能是這本書的缺點。因為在這本書的二至八章當中，其所涉及的美德或品性其實都不簡單，它們都是我們生活世界當中活生生的，但又頗為抽象的概念，與我們個人的思想及行動息息相關，在特定文化和社會脈絡中，也會有不同的意義及表現方式。所以，不管是概念的釐清掌握、概念與概念之間的關係、概念的具體展現，乃至如何讓人具有這些概念所指涉的心理特質，其實都相當複雜，很難在短短篇幅當中交代清楚。比如說單單是說明一個信任（trust），就可能需要用一本書來做交代。由此而言，這本書就可能犯了失之過簡的毛病，沒有辦法讓讀者詳盡地去了解那些民主美德（也就是那些能促進民主的正向品性）的內涵及它們在現實人生中的複雜情狀。康德曾在他的《純粹理性批判》一書中，為他的那本鉅著辯護過，說那本書的篇幅非常可觀，但因為把道理說得非常清楚，所以對有耐心的讀者而言，那本大書反而不會耗費太多時間來閱讀。對比之下，Patricia White 的這本書，由於內容的精要緊湊，讀者反而可能很難從相對短的篇幅中，很快地對民主美德有詳盡全面的掌握。

針對這些可能讓一般中文讀者爲難的地方，本書翻譯儘量求文字的簡易平順，也儘量提供一些背景知識給讀者，以求讀者能在相對短的時間內來掌握原著的精義。

　　整個來說，由於臺灣教育學術界及一般大眾對民主教育、政治教育和品格教育的理解還稱不上周全，假如能透過這本書的翻譯，讓教育界的人士能夠對這些主題有較深刻的認識，那就是再好不過的了！畢竟這本書的作者已經累積了幾十年的經驗和心得，她寫出來的這本書，一定有值得我們參考的地方。

　　這本書是我們兩人合作的成果。在翻譯的過程中，我們彼此校正對方的譯文，不僅求信，還希望求達與雅。譯文能夠完成，我們要謝謝下列的人：Patricia White 從頭到尾的支持；吳桂芳讀了初稿全文兩次，並給了許多文字上的建議；王蓓芸糾正了初稿中一些文字的錯誤；秦瑋憶給予文字建議；五南圖書出版公司黃文瓊幫忙取得翻譯權及出版事宜；五南圖書出版公司李敏華協助編輯。由於他們的協助，本書才能順利出版。書中錯誤，在所難免，尚祈海內外方家不吝指教。

但昭偉　洪銘國

2023/10/30

前言

　　這本書的主題是：在民主社會的教育中，爲了促進年輕人成爲良好公民，教師及學校能夠且應該扮演的角色。但這不是一本公民教育的教科書，這本書關切的不是政府或公民權利暨義務，它關心的是公民社會的形成及存續。更具體地說，它關心的是我們所在的日常生活世界，在一個開放多元的社會中，爲了要讓民主的精神（democratic ethos）能夠維持及蓬勃發展，我們究竟要讓一般公民具備有何種美德及秉持何種的價值。

　　當教育學者在交代民主的核心理念時，他們往往會引用杜威（John Dewey, 1859-1952）的一段經典名言：民主不僅是一種政府治理的形式，它更是一種群體生活的方式。在引這句話時，很少人會把這句話所在的那整個段落也陳列出來。我在此把那整段話引出來，因爲這段話很細膩地點出了 Patricia White 這整本書的要旨。

　　民主對教育有正面的影響是一個很明顯的事實。表面的解釋是：除非選民和被治理的人民受過教育，否則一個由人民選出來的政府不可能會有良好的表現。之所以如此，是因爲一個民主社會排斥外在威權的統治，所以民主社會的運作要有兩個條件。一是社會成員須心甘情願地接受民主的治理方式，二是社會成員須擁有共同的利益／興趣，而這兩個條件的滿足非仰賴教育不可。但深層的解釋則是：民主不僅是一種政府治理的形式，它更是一種群體生活的方式，是一種透過溝通積累而成的共同經驗爲基礎的生活方式。在民主生活中，由於參與共同利益／興趣追求的人數擴增，所以每個人在行動時，就必須考慮到別人的行動，要把別人的行動當做一己行動的參照和指引，而這種做法也就等於破除了由階級、種族和國家領土所形成的障礙，這些障礙阻礙了人民知

覺自己行動的完整意涵。（Dewey, 1916/1963, p. 87）

假如我們接受杜威的觀點，把民主當做是一種社會生活的方式、一種眾人聯結的形式、一種可透過溝通而形成共同經驗的場域、一個能打破諸多壁壘障礙的機制、一個分享利益／興趣的所在，那麼來自不同團體、不同背景及具有不同才能的人，他們之間的互動就多多少少會促成社會的民主。而在社會中，人們的互動方式會受到家庭、正式或非正式教育活動當中所學習到的基本價值、美德和品性的影響。在這本書中，Patricia White探討了一些重要的美德和品性，這些美德和品性能讓人聯結在一起，也是促使民主生活能夠文明及溝通互動的要素。她在本書當中交代了盼望、信心、勇敢、自尊、自重、友誼、信任、誠實及文明素養。

在民主社會中，**盼望**植基於對社會的一種特定信念，這信念就是：民主的開放及自由，會讓社會成員在自己能力的範圍當中，成為任何他們想要成為的人。**信心**包括了對自己能力的信心及對民主社會的信心，信心是我們勇於展開行動所必要的美德。在我們採取正當及合乎正義要求行動時，即使我們採取行動中的情境要求我們完全不反省的服從，**勇敢**也是必須要的美德。**自尊**的培養需要透過對他人的尊重，而**自重**則提供了我們努力求好的動機及酬償。**友誼**是一種特別的人際關係，友誼的形成一定要立基於**信任**，而信任民主制度的公平與開放，是民主能夠運作的要件。同樣地，**誠實**是民主社會不可或缺的元素，誠實的不受重視是民主社會衰頹的訊號。最後，**文明素養**關係到我們彼此對待的方式，它彰顯了我們在平等、容忍及許多其他民主價值上的信念。

White用很細膩的方式處理了上述的美德和品性。其實，那些值得肯定的價值都有負面的地方，但她能以敏銳和高度的技巧來處理它們。White了解，要能周全梳理與這些價值有關且捉摸不定的信念和行為，是件高度複雜和精巧細緻的工作。她用文學和日常生活中的素材，並佐以高

度的想像力，來描繪那些美德和品性的意義。White 勾勒的倫理生活是人際關係緊密而又貼近人情事理的生活樣式，不是一般哲學家用冷靜和理性的理論方式所能呈現出來。

White 在論述時善於舉例，書中的例子來自於英國、美國、日本、俄羅斯、法國、北歐地區及許多其他的地方。更重要的是，她幫助我們以一種具有深度及反思性的方式來了解兩件事：一是具有民主特性的學校究竟是怎麼一回事；另一是若我們要讓學生具有民主的美德，我們應該以什麼方式來對待學生及營造學校活動。

這是一本鞭辟入裡、讀來讓人感動，且具有強大說服力的書。它讓人意猶未盡地想去探索民主生活所需要的其他美德。毫無疑問地，這本書是當下教育思想的一個進展，它替未來的學術研究指引了一個重要的新方向。民主教育的概念因為這本書而有了拓展，也更形豐富。對公民美德及公民教育，我們再也不能像以前一樣把它們看得那麼簡單了。

Jonas J. Soltis（美國哥倫比亞大學師範學院教授）

叢書總編輯

致謝詞

本書二到八章本於我過往出版過的作品。在這本書中，我將它們做了補充與修正，有些甚至做了較大幅度的改寫。第二章本於 "Hope, Confidence and Democracy"，這篇文章最早登在 *Journal of Philosophy of Education* (Vol. 25, No. 2, 1991)，後來被翻譯轉載到 *Kommunist* (Vol. 12, August 1991)。第三章是 "Educating Courageous Citizens" 的另一個版本，這篇文章原來收在 *Journal of Philosophy of Education* (Vol. 22, No. 1, 1988)。第四章根據的是我之前的兩篇文章，我把它們做了相當大的改變，第一篇是 "Self-respect, Self-esteem and the School: A Democratic Perspective on Authority"，刊登在 *Teachers College Record* (Vol. 88, No. 1, Fall 1986)，第二篇是 "Racism, Self-esteem and the School"，這篇文章被收在 G. Haydon 主編的書 *Education for a Pluralist Society: Philosophical Perspectives on the Swann Report* (Bedford Way Paper, Institute of Education University of London, 1987)。第五章依據的則是 "Friendship and Education"，原文出版於 *Journal of Philosophy of Education* (Vol. 24, No. 1, 1990)。第六章的前身是 "Trust and Toleration: Some Issues for Education in a Multicultural Democratic Society"，這文章原來收在 John Horton (Ed.), *Liberalism, Multiculturalism and Toleration* (Macmillan, 1993)。第七章本於 "To be Totally Frank....Teaching the Complex Virtue of Honesty"，我在這裡對那篇文章有比較多的補充修改，那文章原來刊登於 *Proceedings of the American Philosophy of Education Society* (49, 1993)。第八章則本於 "Decency and Education for Citizenship"，原文收在 *Journal of Moral Education* (Vol. 21, No. 3, 1992)。所有文章在這裡的使用，都經過原出版單位的同意。

很高興有機會在此感謝在撰寫本書期間中大力支持過我的人。他們

讓我的工作變得稍微容易一些。首先,我要謝謝在加拿大、比利時、英國、喬治亞、荷蘭及美國舉辦的研討會參與者,這本書的許多內容都先在這些研討會上宣讀過,研討會參與者在會中提供了犀利的評論和周到的批評。我也要謝謝本書出版單位 Teachers College Press 的匿名審稿者,他們對這本書的初稿提出了建設性評論,對我有很大的幫助。

再者,我要特別向三個人表達謝意。R. K. Elliott 在思想上給了我很大的啟發,在我與他的討論中,他豐富了我在這本書當中的許多觀點。John White 在我寫書過程中,一如以往地提供了許多專業上的意見,他持續鼓勵我,也給了許多生活上的實質協助。Jonas Soltis 最早讓我有把已往在公民美德上的研究成績整理成書的念頭,他之後也很有耐心地持續鼓勵我。

最後,我要感謝 Suzanne Chawner-Budden。她在文稿處理上,給了我許多意見和技術協助。我也要向 Teachers College Press 的傑出同仁表達謝意,他們在許多細節上給了我很多的幫助。

目錄

第一章

教育及民主品性
（Education and Democratic Dispositions）

　　這本書著眼於公民身分（citizenship）及民主社會中公民教育的討論。在政治哲學和教育哲學中，這不是什麼新的議題。自柏拉圖（Plato, 427-347 B.C.E.）以來，公民的形塑就是重要的課題。對民主社會中公民身分的討論，從杜威（John Dewey, 1859-1952）之後就是教育哲學所關心的議題，雖然這討論最早可追溯至盧梭（J. J. Rousseau, 1712-1778）。但這本書在當下仍然有其急迫性，這是因為全世界各國都在企圖建立新的民主體制（democratic institutions），這些體制包括多黨政治、保護人民基本權利的憲政運作、合法的工會組織等。這波民主浪潮企圖要做的是取代過往的極權體制（totalitarian structures），因此需要教育公民，使他們能夠參與新的民主體制。

　　在十多年前的一本書中[1]，我曾指出，民主和其他政治體制的不同處，在於民主所肯定的價值，而不在民主的制度設計。前者如正義、自由及對

---

[1] 這本書就是 P. White, *Beyond Domination*, London: Routledge, 1983。

個人自主的尊重；後者如任期制的政府、自由選舉、合法的反對力量及自由的工會組織。我在那本書中論證，民主機制的本身其實並不重要，假如有別的機制更能體現民主價值，那麼新的機制就可以或應該取代那些舊的機制。我在那裡的論證並不是說民主的機制不重要，也不是說某一機制可以很容易地就被另一機制所替代。我的主張毋寧是：民主不能被等同於某一特定形式的機制，比如說多數統治；不管是在什麼情況，民主的落實繫諸自由、正義及對個人自主的尊重等價值的體現。一直到今天，我仍然堅持這樣的想法。但如此的想法卻忽略了重要的一點，那就是：除了要能體現民主價值的各種機制，我們還要能培育出能夠參與民主過程、能夠駕馭民主機制的公民，民主社會的公民須具有正確的精神（right spirit）。民主社會中的公民當然需要有相當的生活知識及生活技能（參見 P. White, 1973），但他們也必須具備能讓他們民主地應用那些知識及技能的民主品性（democratic dispositions），那些品性能促使他們適當地運用他們擁有的知識及技能。

當我們說某甲具有某種品性時，我們想要表達的是什麼？英國哲學家肯尼（A. Kenny）很清楚地把品性視為能力（capacity）和行動（action）之間的中介物（Kenny, 1992, p. 84）。以勇敢為例，當我們認定「某甲是個勇敢的人」，照肯尼的說法，我們既不是說「某甲和其他的人一樣具有先天勇敢的能力」，也不是說「某甲在當下做了勇敢的事」；當我們說「某甲具備了勇敢的品性」或「某甲是一個勇敢的人」，我們是在說，某甲在適當的時刻，違逆了她自保的先天傾向，而做了她認定該去做的事。就此而言，我們可以說，品性並不等同於習慣，但習慣一定就是品性[2]。

---

[2] 根據作者 P. White 給譯者的解釋：品性（disposition）的範圍較廣，我們可能擁有一些品性（如勇敢），但我們卻沒有什麼機會來表現它們，另外，品性也可能有反思（reflection）的元素；相對地，習慣是我們經常表現出來的行為，如離家前一定會檢查門窗是否上鎖，我們在表現出習慣行為時，並不會伴隨反思。

　　品性的種類繁多，人的品性可以說是吝嗇的、大方的、浪費的、膽小的、勇敢的、膽大的、思慮清晰的、樂觀的或是自我貶抑的等。品性也就是我們正面的或是負面的心理性質（qualities of mind）或品格特質（qualities of character），乃至是知性的和道德的美德暨惡德（intellectual and moral virtues and vices）。在人具備的諸多品性當中，我主要關心的是某些正面的品性（也就是美德），這些品性或美德是健全民主生活當中不可或缺的要素。哲學家威廉斯（Bernard Williams, 1922-2003）[3] 很清楚地交代了品性在我們倫理生活（ethical life）當中的作用，他說：

> 所有的倫理價值都植基於品性。品性是最根本的，因為倫理生活的體現有賴於品性的落實。品性也是我們在進行倫理評價時的對象，我們人的好壞就繫諸我們的品性。從這觀點來看，賦予品性在倫理生活中的優先性，就會產生實際上的結果。假如我們要維持我們的倫理生活，我們就得保住那些品性。同樣地，假如我們對當下的倫理生活有所不滿，也想要做些改變，那麼最有效的方法，就是去修正那些我們現在所具有的品性。（1987, p. 64）

　　在這本書中，我要做的就是論證、說明及建構上述威廉斯的觀點，並將那觀點運用在教育實踐上，也就是如何透過教育來培育健全民主社會所需要的品性。我的論述援引了近來與品性及美德有關的重要哲學家著作，這些哲學家包括了威廉斯、貝爾（Annette Baier）、麥肯泰（Alasdair MacIntyre）、納思邦（Martha Nussbaum）、羅逖（Amelie Rorty）。他們的著作雖然廣泛地觸及倫理品性（ethical dispositions）的本質及其發展，但在我的論述中，我把他們的觀點明確應用於民主品性的說明上。也

---

[3] Bernard Williams 為英國當代知名哲學家，曾任教於劍橋、牛津及美國柏克萊大學，口才便給，見解深刻，廣為士林所重。

就是說，我的焦點集中在能促使民主體制健全發展的公民品性。在此要特別說明的是：那些民主品性與體現特定民主價值的機制之間，並沒有對應與連結；不管社會中有著什麼樣的民主機制，只要公民具備了恰當的民主品性，那公民所在的政治體（polity）就一定會改善。

讀者也許會很驚訝地發現，正義、容忍及個人自主等顯然重要的民主品性，在本書中卻很少提及。為什麼如此的原因是：整體而言，那些做為民主基石的品性，已然有大量文獻的討論（例如 Dworkin, 1977, 1985; Rawls, 1973, 1993; Raz, 1986; Taylor, 1985, Volumn II, Part II; Walzer, 1983），諸多文獻讓我們對那些重要的品性及它們在民主社會中的實踐，都已經有較清楚的理解，因此我研究的重點就在於民主人（democrats）[4] 所需具備的其他品性，那些品性需要經過轉化，才能符合民主社會的需要。在我看來，近來論及公民身分的文獻雖然日漸增多，但它們對那些在公民教育當中相當重要的品性，都沒有給予恰當的關注。

本書第二章的主題是盼望（hope）。盼望是所有人類社會都需要的美德，特定形式的盼望與馬克思主義有密切關聯，所以在前蘇聯時期的文學和電影當中，盼望就特別的重要。有人會以為，所謂的盼望就是對可望不可及事物的期盼，而這種盼望是民主社會（尤其是具有成熟政治架構的民主社會）不需要有的。我不贊成這種看法。盼望並不是對可望不可及事物的期盼；相反地，民主社會需要公民看重某些具有民主特性的盼望（democratic hopes）。我對社會的信心（social confidence）也有相同的立場，民主社會的公民對他們所處社會所體現的價值，應該要有一種不自覺的強烈信心。我在這一章當中，也要說明「對民主社會的信心」（democratic social confidence）的基本性質。

---

[4] 所謂的民主人是支持民主理念與民主體制，且願意躬行實踐的人。

　　第三章的主題是：民主人需要什麼樣的勇敢？如何培養勇敢？在這一章當中，我想要論證的是：在培育勇敢的過程中，我們並不需要老師和學生直接把焦點放在勇敢之上，那樣的做法會誤導我們應該關注的倫理重點（B. Williams, 1985, p. 11）。對學校而言，正確的做法應該是要設法讓公民具有周全且得當的廣博教育，使得他們能注意到妨礙勇敢行動產生的那些因素。我的這個想法，類似羅逖（Rorty, 1986）所提的「勇敢行動的前置條件」（prerequisite for courageous actions），也就是讓有能力的公民對他們的能力有信心。

　　植基於前述對勇敢的說明，第四章的重點在於釐清什麼是「具有民主特性的自尊」（democratic self-respect），並檢視如此的自尊與其他形式的自尊之間可能存在的衝突關係。之後，我要討論「具有民主特性的自尊」與「具有民主特性的自重」（democratic self-esteem）之間的扞格。自尊和自重是個人針對自己所產生的情緒（self-directed feelings），它們之間交錯紛雜，是每個學生或隸屬不同團體的學生，在多元文化的民主社會中都會有的情緒。在這一章當中，我要從機構的觀點來探討學校所應扮演的角色。

　　第五章的主題是友誼（friendship）。讀者可能會好奇，一本以民主品性為主軸的書，為什麼會耗費篇幅來討論友誼。在此探討的友誼，其重點並不在於社會生活中的團結（social solidarity）、博愛（fraternity）或公民友誼（civic friendship），這三者或許可以成為本書第八章的主題。而這章的重點放在我們一般生活中的友誼，也就是親密友人之間的關係。在這種常見的關係中，雙方彼此保有善意，也都會採取對彼此有利的作為。友誼這議題之所以在一本探討民主美德的書當中占有核心位置，主要是因為我們可以把它當做檢測民主社會的標準。而之所以如此，是因為在某些情況下，只有民主社會才會把友誼的價值置於其他公民社會的價值

之上。根據小說家佛斯特[5]（E. M. Forster, 1976, p. 82）的說法，只有民主社會才允許公民在背叛國家及背叛朋友之間來做公開的抉擇。

第六章的主題環繞在信任（trust）。為了解人與人之間為什麼可以有共營的生活及人類社會為什麼有社會機構的存在，我們必須研究人際之間暨人與社會之間的信任。民主體制的情況較為複雜，這是因為在民主的設計當中，已然內建了對於機構的不信任（distrust），這是一種防火牆的設計，是對不信任的睿智運用。在這個領域中，學校負有多重的任務，學校要處理信任與不信任之間的交錯糾葛。在一方面，學校要維護或營造學生之間的信任及學生對學校做為一個機構的信任，在公民教育的落實上，教師要讓學生同時了解及信任社會中的政治體制；但在另一方面，學校也要讓學生了解不信任的重要性。由此可知，教師的雙重任務不僅微妙，在他們承擔的雙重任務之間，也會有顧此失彼的可能。

第七章的主題是誠實（honesty）。這個主題對教師而言也不容易。誠實是不是最好的策略？大家對這個問題的答案並不一致。因此，學生需要學習判斷什麼時候要說全部的眞話？什麼時候要有所保留的說眞話？什麼時候要保持沉默？政治體制的設計及運用，也要能讓它們的成員在生活中儘量地保持誠實。由此而言，學校需要反思自己的規章及要求，以便讓自己了解，是不是在不經意的情況下，給了成員太大的壓力，讓他們變得不想誠實。

第八章的主題是文明素養（decency）。佛斯特在二戰期間的一段話也許是這一章最恰當的引言，他的這段話論及在戰後的世界最需要的品性。他說：

---

[5]　E. M. Forster（1879-1970）是英國著名文學家，著有《窗外有晴天》（*A Room with a View*）、《印度之旅》（*A Passage to India*）等膾炙人口的作品。

> 我們最需要的是消極性的美德（negative virtues），也就是去除
> 掉那些易怒的、讓人害怕的、使人惱怒的和報復的心態。我對那
> 些積極進取性的好戰理想（positive militant ideals）失去了信心。
> 實現這些理想的代價，會讓許多人殘廢和成為俘虜。類似「我會
> 清算這個民族」或「我會掃蕩這個城市」等宣稱，都會讓我覺得
> 膽寒和作嘔。（Forster, 1976, p. 61）

佛斯特筆下的消極性美德，也就是第八章所強調的文明素養。比如說，不堅持自己的權利、稍微再為別人多做一點、對不熟的人保持善意等。這些心理特質不僅是二戰後的世界所需要的，在二十一世紀的今天也需要。

在公民教育的理念與實踐上，有五項要點貫穿本書，茲列述於下。

第一，本書的重點是培養學生具備有民主特質的勇敢、誠實、自尊等美德。質言之，這重點就是在讓學生轉變成為特定類型的人。根據之前的論述，這項工作有著複雜、細膩且不易操作的過程。在孩子進入正式教育體制之前，家長早已進行了這項工作。一旦孩子入學，教師和教育機構就要和家庭攜手，致力讓孩子深刻體會且確切掌握那些特定的民主品性。由這本書中所引的實例來看（這些實例或由文學著作，或由實際生活中得來），我們找不到固定的公式來培養這些美德。教師必須對有衝突的價值特別敏銳，價值之間的衝突會讓教師的決定變得困難。也因為如此，教師在下判斷時就要格外謹慎。從某個角度來看，這本書特別強調教師必須是具有反思能力的實踐工作者（reflective practitioner）。教師的教學知能因此受到特別看重，教師的教學知能在培養孩子具有品性的活動中格外重要。

第二個貫穿本書各章要點的是：沒有哪一個教師在培養學生品性這件事上，可以單獨成事。在鼓勵、說服和引導學生去採取某些行動時，個別教師要與教育機構當中的其他成員攜手合作。沒有哪一個教師能夠像電影

或小說中的傳奇老師一樣，可以隻手撐天地改變學生。在形塑學生品性這件事上，學校做為一個教育機構，有著絕大的影響力。社會學的研究非常清楚地告訴我們，在很大的一個程度上，機構的文化形塑了機構當中個別成員的期許、習慣及品性，而這種影響，可以是好的，也可以是壞的。對教育工作者而言，社會學給的啟示就是：學校必須留意自己究竟傳遞了什麼訊息給學生。在一方面，學校可能不經意地傳遞了一些不好的訊息，比如說，學校不信任你、不尊重你；但在另一方面，學校需要思考如何透過集體努力，來促成及培養民主的品性。

到目前為止，上述兩項要點是從一個較寬廣的角度，來關注形塑學生成為公民的問題。如此廣泛的角度，就不容易讓讀者注意到貫穿本書的第三項要點。那就是：學生的組成並不是同質性的；學校裡的學生有男有女、有著不同的宗教、族群和文化背景。我在本書之後的論述，會特別注意學生之間的差異。教師（不管是以他個人的身分或做為教師團隊中一員的身分）須協助各式各樣的學生，在民主社會當中找到自己的定位及可以扮演的角色。由於學生有各自不同的能力、價值觀及對自我的認定（self-perception），想形塑學生成為民主社會成員的教育工作者，就須格外留意學生之間的異質性。

有些讀者或許會認為，在形塑民主人的過程當中，不管出發點是如何的良善，這工作在本質上都是對學生的操控。我認為，這種看法並不正確。事實上，在學生的品性陶成上，隨著學生的身心成熟，教師和學校會促使學生了解那些他們希望學生具備的品性。這是貫穿本書的第四個要點。形塑學生品性的目標包括了讓學生了解：不同品性的基本性質、不同品性在倫理生活上的作用、不同品性之間可能會有矛盾衝突、為什麼我們具有的品性會隨著時間而改變、為什麼某些人或某些團體會有特定的想法和行動方式。顯然地，形塑學生品性的工作內容繁多，並不是在哪一門課或哪些類型的課程領域中可以完成。隨著時間的進展，我們希望學生對自

己（乃至對別人）所具有的品性，能有與日俱增的了解。如此，學生才能從之前學習到（不管是在學校或其他地方），但尚未經過自我檢驗的思維和行動方式當中解放出來。這一點在本書討論自尊及自重時會特別強調。

民主品性的發展需倚賴各種不同的知識、慧見（insights）和技巧，而哲學上的慧見，只是它們之中的一項而已。但哲學的慧見卻不可取代。這正是貫穿本書的第五項要點。就像在印度美食當中有的特殊香料一樣，相較於其他食材，那些香料的分量並不多，但對印度菜的風味卻有很大的影響。假如用更多的花椰菜或肉類來取代那些香料，印度菜所展現的既有風味就不存在了。教育哲學在師資培育的活動過程中，扮演著香料在印度菜當中的類似作用，它只是整體活動中的一個元素，但卻有著重要的作用。用印度菜做隱喻，香料不需在一開始料理時就放入，而是在恰當時機再入鍋。同樣地，與民主品性有關的教材，不需在師培初階就讓師培生接觸，那樣的教材讓在職訓練的老師來接觸會更恰當。當教師對學校、學生及親師關係有相當的認識之後，他們所具有的哲學慧見就能讓他們看清自己擔負的任務。只有哲學的慧見才有這樣的作用。

讀者不見得一定要依序來閱讀接下來的各章。但假如讀者按照次序讀了它們，也不難看出它們之間有循序漸進的關係。以下各章也可以視為獨立的作品，為了幫助讀者的閱讀，我會不時交代各章之間的關係。

最後，我要強調，本書的論述不是針對理想學校中的理想學生，本書各章關切的是在真實情境中的一般學生。所有的年輕人在成長過程中，會不斷地養成和發展出新的品性。比如說，變得比較負責任或比較不負責任、比較會替別人著想或比較自私，或比較專心於他們的學業等。這些品性的發展在父母或師長談論到他們的孩子或學生時，都會是關注的目標。本書中的論述主要是想用來協助專業教師（不管是以他們個別的身分或是教師團隊中一分子的身分），在他們的教學中來形塑學生的正面特質或處理學生的負面特質。在討論各章的主題時，我會用一些具體的例子來

說明，這些例子或者取自文學作品，或者來自實際生活。我會避免在論述過程中交代太多或較細節的教育實作範例。因爲教育實作的範例都發生在特定的情境脈絡當中，假如要交代它們，就須帶進許多額外的說明，如此反而弄巧成拙，失去了焦點。在我的經驗中，教師在面對書中主題的討論時，往往會把專業經驗和心得帶進來。他們會針對主題，提供自己在教學生涯中遇到的實例，而且會利用那些實例來增進他們對那主題的了解，並會反思如何來發展他們的專業作爲。教師的這種表現，我們無需覺得意外。在運用他們的教學心得及經驗來處理道德和公民教育當中的棘手問題上，教師們畢竟花了許多的時間。

第二章

盼望[1] 與信心
(Hope and Confidence)

　　根據卻斯特頓（G. K. Chesterton, 1874-1936）[2] 廣為人所引用的說法：
「盼望是我們身處絕境時讓我們保持振奮的力量」（1919, p. 159）。其
實，盼望在我們的生活和教育中，或許居於更基本而重要的地位。當代哲
學家沃諾克（Mary Warnock, 1924-2019）[3] 在論述情緒教育時，提出了以下
的見解：「在各式各樣的特質中，我列為高順位，甚至是最想讓我的孩子
或學生去擁有的特質，就當屬盼望了：失去盼望，就代表失去欲求或想望
事物的能力，實際上也就等於失去活下去的意願。」（1986, p. 182）

---

[1] "Hope" 一詞多翻為希望，在本章中，作者介紹了基督宗教對 "hope" 的概念，
　　包含了未來必然發生的意涵，此概念在中文基督宗教用語多翻譯為盼望，故本
　　文在此將 hope 翻譯為盼望。

[2] Gilbert Keith Chesterton 是二十世紀的英國作家，一生創作了八十多本書、數
　　百首詩、多齣劇本、兩百多篇短篇小說、四千餘篇報紙專論。

[3] Mary Warnock 曾為劍橋大學 Girton 學院的院長，著名的哲學家，對英國特殊
　　教育的發展也有影響。

在過去的十年間（譯按：1986 年以降），世人看到東歐國家在政治權力的組織和控制上，逐步朝向民主政治邁進。自由工會組織、自由選舉、多黨政治開始出現在東歐國家和前蘇聯，警察國家的監控機制也已不復存在。民主的運作程序在上述國家中已然啟動且持續開展。然而真正的民主不能僅有程序，與諸多民主程序同等重要的，還有支持它們的價值觀，以及實踐和依循這些民主程序所需的公民情懷與品性。例如：民主社會的公民需要擁有自尊、自重和勇敢等美德。（在本書之後的章節中，我會討論這些重要的美德。）但盼望是否也是民主人所需要的？甚至，盼望應該成為「教育的主要目標」（Warnock, 1986, p. 183）？抑或是對社會的信心（social confidence）才應是教育的主要目標？

對社會的盼望（SOCIAL HOPES）

我們的生涯中總有各式各樣的盼望：想贏得一場競賽、想在暑假讀完整本理察森（Samuel Richardson, 1689-1761）的長篇小說《克拉麗莎》（*Clarissa*）[4]，或是找一份更令人滿意的工作。盼望的目標往往是一些我們期待達成的未來狀態，達成的過程中充滿阻礙，那期待的未來並非輕易可至。在許多的期盼中，有種牽涉到整個社群未來的共同盼望（shared hopes），我們可稱之為「對社會的盼望」（social hopes），這類的盼望關鍵性地引導社群成員去共築共同的經驗。民主社會中的人需要這樣的盼望嗎？

基督宗教與馬克思主義均提及對社會的盼望。實際上，有兩部最常被提及的哲學著作，可做為這兩股思想的代表。一是基督宗教哲學家馬賽爾

---

[4] 《克拉麗莎》（*Clarissa*）一書又名 *The History of a Young Lady*。是 Samuel Richardson 於 1747-1748 年出版的書信體悲劇小說，文字超過百萬，為最長的英文小說之一。

（Gabriel Marcel, 1889-1973）[5]的作品，另一是馬克思學者布羅赫（Ernst Bloch, 1885-1977）的三冊鉅著[6]。對未來社會的盼望具體呈現在基督宗教和古典馬克思主義的思想中，如此的盼望與我們個人日常生活中的盼望相似，都預設著尚未實現的未來狀態，而在實現那未來狀態的過程中，一定會遭遇到一些難關。此外，這兩股思想對那盼望的未來，也都有具體的勾勒。在基督宗教和古典馬克思主義中，期盼的對象不可避免地終將到來；天國終必實現，無產階級社會也會是歷史的必然。基督宗教和古典馬克思主義所盼望的未來，不是一個邏輯上可能的未來，而是一個已然決定（determined）、必會發生的未來。既然這兩者盼望的未來勢必會發生，為什麼我們不說是有信心的期待（confident expectation），而一定要說是盼望呢？對於基督徒而言，這份盼望之所以合理，是由於天國雖然確實會降臨，但我可能不在其中，我唯一能做的就是盼望和信任神的悲憫。對馬克思主義者而言，我盼望真實的無產階級社會越早到來越好，最好是在我這一代或我兒女這輩實現，畢竟，雖說終將實現，但過程中仍有數不清的阻礙，包括有人民的公敵、各式反革命勢力、外國勢力的威脅等。

在上述兩種信念體系（doctrine）中，盼望都是一種強而有力的情感。在這裡，我們可以用一種負面表述的方式來說明這兩種信念體系中的盼望。在這兩種體系中，盼望並不是一種對未來樂觀或振奮的心理狀態（在這一點上，我的觀點和可敬的卻斯特頓不同）；盼望也不是一種盤算（calculative matter），它所展現的並不是觀察當下趨勢，然後以此來對事情未來的發展做出正確的評估；盼望不是一種投機或是對未來可能性的賭注。從一個正面的方式來表述，對布羅赫而言，帶著盼望的人「對烏托

---

[5] Gabriel Marcel，法國哲學、戲劇和評論家，為二十世紀歐洲現象學和存在主義的思想家，其主張又被稱為基督宗教存在主義論。

[6] Ernst Bloch 為馬克思主義哲學家，二戰前受到納粹的迫害，戰後對馬克思主義及東德共產黨有許多的批評。

邦的邁進有股衝力」（Godfrey, 1987, p. 73）。同時，這些對烏托邦帶有
盼望的人，也對現況中的不幸和困難，採取不屈不撓的態勢，於是他們會
在懷抱對未來的盼望（真的就只是單純的盼望）中，度過這些難關。對馬
賽爾來說，盼望可能會導致事情的發生；也就是說，如果不抱有盼望，事
情就不可能發生。馬賽爾將盼望與行動緊密結合在一起，認為盼望「是行
動產生的核心力量」（Marcel, 1967, p. 282）。

　　對那些遵循基督宗教和古典馬克思主義信條的人來說，對未來社會
的盼望是建構他們經驗世界的重要關鍵。在蘇聯時代的電影中，主角經常
以對未來的盼望，來激勵人們去承擔生活中難以忍受的負荷。例如：在
Mikhalkov-Konchalovsky[7]的一部描寫集體農莊的電影《愛思雅的幸福》
（*Asya's Happiness*）[8]就是如此。另外，左派思想家也經常感嘆人們對未
來社會不再有盼望。雷蒙德・威廉斯（Raymond Williams, 1921-1988）[9]
（1979, p. 208）在《現代悲劇》（*Modern Tragedy*）一書中，就哀悼了
「未來的普遍喪失」，也就是一群人對將來的想望是一片深沉的空白。季
胡（Henry Giroux, 1943- ）[10]（1989, p. 66）則抨擊了理查・羅逖（Richard
Rorty, 1931-2007）[11]，指控新實用主義者（neopragmatist）解構了對未來社
會的期盼。

---

[7]　T. Nikita Mikhalkov 與 Andrei Konchalovsky 為俄國的電影製作人，是一對兄弟。

[8]　1966 年上映的俄羅斯電影，描述女主角的愛情、婚姻與家庭故事。

[9]　Raymond Henry Williams 是一位英國威爾斯的社會主義作家、學者、小說家和
　　評論家。

[10]　Henry Armand Giroux 是一位美國裔加拿大學者，為美國批判教育學的奠基者
　　之一，他在公共教育、文化研究、青少年研究、高等教育、媒體研究和批判理
　　論等領域中的著作均頗負盛名。

[11]　Richard Rorty 是美國實用主義的健將，其思想的主軸有二：一為對現代哲學
　　（modern philosophy）的批判，另一為思想的文化（intellectual culture）重建。
　　他對杜威哲學在上世紀 70 年代中的復興貢獻厥功甚偉。

格林（Graham Greene, 1904-1991）的書《問題的核心》[12]（1971）中，
對基督宗教關於盼望的描述更爲直白，當書中主角斯可比（Scobie，他是
一位天主教徒）到教堂告解，卻無法對他和海倫（Helen）的婚外情感到
懺悔，並生出可能自殺的念頭，書中是這樣描述：

> 當他從告解室出來時，斯可比首次覺得自己了無盼望。他環顧四
> 周，十字架上耶穌基督死去的雕像、石膏做成的聖母像，以及
> 象徵耶穌過往事蹟的駭人圖像，絲毫沒有讓他感受到任何的盼
> 望，看起來，他僅有的只是絕望的未來。（p. 222）

之後，他和海倫的對話也透露了他失去盼望之後的感受：

> 「我放棄了任何的盼望，」他說。
> 「什麼意思？」
> 「我放棄了未來，我毀了我自己。」
> 「別這麼感傷，」她說，「我不明白你在說什麼，你才剛告訴我
> 你的將來──要去接個行政長官的職位。」
> 「我指一個真實的未來：一個持續下去的未來。」（p. 232）

在這兩個傳統中，失去盼望都是極爲恐怖的事，把人留在一個絕望
的疆界，失去盼望本身也是一種罪（guilt）。在馬克思主義中，這代表對
於無產階級革命的投入還不夠；而在基督宗教的信仰中，這代表信仰的缺
乏。從基督宗教把盼望的缺乏當作一種罪來看，將絕望（acedia）歸類爲
七宗罪（seven deadly sins）之一就並不令人感到意外。因爲，失去盼望

---

[12] Henry Graham Greene 是二十世紀知名的英文小說家和專欄作家。他的著作 *The
Heart of the Matter* 有中文譯本，《問題的核心》（2009，譯林出版社）。

就代表失去了重要的靈性力量，每件事都變成沒有意義，失去盼望的人將落入冷漠的狀態，而對斯可比而言，就意味著走向自殺一途。

根據前述的說明看來，假如沒有了盼望，所剩下來的就僅有絕望和沮喪。因此，追求民主的人士必須要擁有對未來社會的期盼，他們必須有這樣的情感力量將自己從冷漠中抽離，並給予自己足夠的能量去實現民主的價值。但如果我們談論的是自由民主體制（liberal democracy），類似馬克思主義和基督宗教思想中對未來社會的期盼，就不會是支持自由民主的人會有的。自由民主體制並不會提供一個對特定未來的憧憬，來讓社會成員集體朝向那想望的方向前進。畢竟這類集體地朝向某一特定方向來發展的想法，肯認了單一美好生活的進步觀，而這類單一美好生活的想像並沒有絕對的理由可以讓人信服（參見 Kekes, 1989; Nagel, 1979; B. Williams, 1981）。對於支持自由民主體制的人而言，未來是開放的，其核心是價值多元主義（value pluralism）。

如果做為一種情緒的盼望是可以驅動我們行動的強大力量，那我們就應該思考：如何在捨棄馬克思主義和基督宗教思想中的設定（也就是盼望目標的單一性及目標的必然實現）之後，仍然保留住盼望這樣的力量。當然，截至目前為止，我對未來社會的盼望所作的討論，都僅止於古典馬克思主義和基督宗教思想。在這兩股思想中，盼望目標的單一性及必然實現都是盼望的核心。這兩股思想對期盼的論述，引發了盼望本質為何、盼望在人生中扮演何種角色等相關問題，這些問題不管是對採取什麼信念系統的人而言都一樣重要。這些問題如：盼望（hoping）與想望（desiring）的關係為何？我們能區分盼望與一廂情願的想法（wishful thinking）嗎？盼望是不是（如同馬賽爾所聲稱的）一定會引發行動呢？盼望永遠都是好的嗎？有沒有邪惡的、惡意的或非理性的盼望呢？與盼望相對的心理狀態就一定是絕望嗎？有沒有暫時擺下對未來抱持盼望的可能？面對這些問題，我在此無法一一探究。我只能在尚未論證之前先行假定：我們的確

有可能捨棄對未來社會盼望的兩個預設，也就是前面所提的目標的單一性及目標必然能夠實現。盼望的觀念指的可以是對一種可欲狀態的強烈想望，這種可欲的狀態雖然不必然會實現，但它的實現也不是不可能，而在實現那可欲狀態的過程中，必然會有許多障礙。失去盼望就會落入悲慘與絕望的田地；一旦沒有盼望，我們就會一無所有。

　　從這樣的觀點理解盼望，民主人是否能對未來社會抱持盼望？有些人或許會認為，自由民主體制中對未來社會的盼望大致有如下的特徵：支持自由民主的人會盼望社會能維持一種特定的生活方式，也盼望能讓這種生活方式欣欣向榮；在這種生活方式當中，社會和平富裕，人民也有充分自由，每個人都能有機會根據一己的最佳能力來發展自我。針對上述的說明，我們可以指出，假如我們把焦點放在具有民主特色的盼望（democratic hope），那麼上述對盼望的說明，也許超過了具民主特色的盼望所應有的恰當範圍。因為，對財富及和平的期盼，也不僅限於民主體制。緊扣民主體制的盼望，是一種對價值多元主義的支持和想望，這種支持和想望可以讓個人在公民自由的架構之中來追求自我的形塑與實現（self-creation）。如此具有民主特色的盼望，會讓我們期許民主體制中的各種安排，都能持續和改進下去，不管是順境或逆境都是如此。處在經濟困頓之時，要讓民主社會持續保有這種盼望不會是一件容易的事。一個新的民主政府繼承了之前政府留下來的許多問題，對這樣的政府而言，也許人民會普遍不滿新政府所能提供的福利和服務，並進而要求用威權的方式來解決問題。面對這樣的局勢，民主政府應設法讓人們對民主價值和體制的盼望延續下去，或至少不要讓他們陷於絕望。在這情況下，民主政府就有一項廣泛的教育任務（這也是當前許多東歐國家正在面對的），也就是一方面向社會成員原原本本呈現出當下問題，另一方面積極展現出解決問題的決心（比如說，提出務實有效的策略來處理通貨膨漲，並改革僵滯的官僚體制）。在堅持民主體制下，盡速也盡可能滿足人民對良好生活品

質的渴望。

　　依照前述方向來規劃，並將此規劃公諸於世，這規劃會是一個長遠的藍圖，著眼於維持主要的民主價值及其實踐。如此的規劃有益於生命力（vital energy）的滋育，而這種生命力，正是哲學家沃諾克認為的盼望的作用（the function of hope）。民主的擁護者不論在世界任何一處，如想維持並進一步實現群體生活中的民主價值時，除前述沃諾克提出的盼望精神外，還需要另一種態度。我在之前已提過，對於民主有所盼望，其實是想維持且發展一套價值多元體系，在這樣的體系下，個人的自我行素與實現可以在公民自由的框架中獲得實現。而這樣的期望，其實繫諸與之有密切關係的一種信念，也就是相信民主價值的確值得維繫。在這裡，我心裡想的這種信念是一種具有倫理性質的信心（ethical confidence），也就是對民主生活方式的信心。威廉斯（Bernard Williams）在他的著作《倫理及哲學的限制》[13]中討論過這樣的信心（1985, pp. 170-171）。威廉斯認為，在現代社會中，人們需要對自己生活所依據的價值有信心，這類的信心不應與傲慢的教條心態或自我欺瞞混為一談，這類信心也應在價值反省中通過考驗。威廉斯認為，現代社會普遍需要反省其自身所持的價值，如此能讓這種信心透過反省而更為強大。威廉斯指出，真正的問題取決於「什麼樣的體制、教育及公共論述來促成這類信心的產生」（1985, p. 170）。

---

[13] 威廉斯的 *Ethics and the Limits of Philosophy* 有簡體中文譯本，陳嘉映譯，由大陸的商務印刷館發行，2018。

信心、民主與教育
（CONFIDENCE, DEMOCRACY, AND EDUCATION）

　　我們不難想像，有些社會中的成員具有上述具有倫理性質的信心，例如在某些階層體制社會（hierarchical societies）中的成員不僅安於社會體制的安排，也相信這套體制來自神授。在這樣的社會中，兒童成長時受到的培養，會讓他們對所處社會的基本價值暨自身地位等感到有信心，因爲這些都來自仁慈神祇的安排。我們可說，對如此社會的信心，建立在堅定的形上學基礎上。或許有人會說，這個時代已不容我們把社會建立在這種基礎之上（伊斯蘭社會可能是個例外，其中的社會成員多是自發性入教的信眾），現代階層體制社會只能用強迫或操弄手段，來讓人同意財產、權力和地位的分配。

　　民主社會公民不能享有那來自階層體制社會且以形上學爲基礎的信心，然而他們有另一種選擇。培育對民主社會的信心，也就是促使民主社會成員去相信某些價值。這些價值會挑戰那穩定的階層體制，也會讓人去質疑「強迫某些人去滿足他人利益的正當性」。除此之外，民主社會也要促使成員去相信「對個人價值的關懷」及「對社會事務能有反思能力」的重要，這種信心可以揭露階層體制社會強迫他人接受諸多安排的眞相。民主社會需要以這樣的價值來形塑其社會，民主社會的成員須對這些價值有強烈的信心，並認爲它們是民主的關鍵。

　　在此須強調的一點。我所論述的信心，乃是對民主社會的信心，而非在教育或其他生活面向上對個人而言非常重要的自信心。一個具有如此信心的社會，指的是其中的成員知悉這社會的主要價值（雖然不必然會意識到這些價值），認爲這些價值非常重要（雖然不必要時時刻刻都想著它們），並且自覺或不自覺地彼此增強這些價值。至於什麼時候該以明確的或不顯眼的方式來培養這種信心，則取決於社會成員對於民主價值和態度

的扎根程度。如果在一個民主價值剛起步（或重新起步）的地方，如現代
的東歐國家，對民主價值和民主態度的意識、反省及有意的增強，就要大
於其他視民主價值及民主態度為日常生活一部分的國家，如北歐國家。

那麼，我們如何利用教育來培養學生對於民主價值的信心呢？在任
何民主社會中的教師、家長以及學校工作人員，需要對民主價值有反省
性的理解，這些理解包括了一些重要的民主價值，如對人的尊重（respect
for persons）、個人自主（personal autonomy）、正義及自由探索（free
inquiry）。如此的了解，是把這些價值當做抗拒社會壓迫和操控的中堅力
量，而不是像有些人一樣，把它們當做模糊籠統的自由主義價值（liberal
values）。然而學校若要以一個機構的資源來提倡對民主社會的信心，它
所應做的就不只是要求學校中的教職員工在個人層次上對民主價值的理
解，還得要求所有教職員工去探討並規劃學校整體政策，讓學校生活中的
各個面向都能體現民主價值。在一定的時間之後，學校管理階層和家長也
應加入上述的規劃。如此一來，政策的制定以及相對應的執行策略就會鞏
固大家對民主社會的信心。達成共識不會是簡單的任務，也必須做出許多
妥協與協商，然而一旦共識形成，學校社群的成員們就會對他們所共同規
劃的政策產生信心，相信他們所規劃的政策大家都會接受，也相信那政策
適用於學校社群所處的特定情境。在此可參考我在 1988 年的著作，其中
詳細描述學校如何規劃總體營造策略。

假如我們要讓學生對於民主價值有堅定信心，那麼單單設計一套課
程，來教導他們去了解那些重要的民主美德（如，對個人的關懷、個人自
主、正義及自由探索）就還不夠。真正重要的是他們生活所在的機構，需
要在生活中的每一個層面來看重且體現這些價值，整體學校政策也應著眼
於此來規劃。在這樣的學校中，課程和學校組織都會反映民主價值，然而
學校組織在促成學生對民主價值的信心上更為有力，因為學校組織將實際
引導學生，讓他們依此價值來生活。例如：好的學校組織安排可以讓人們

在互相支持而非相互衝突的框架下合作，以追求個人目標的實現（關於這類的學校組織安排可參考 Andrews, 1989）。如果學校都能如此安排，學生和教職員就會在互動中，相互增強他們對民主價值的認同。

當下許多重建民主體系的東歐國家都很重視整體學校政策，在它們的學校政策中，教師和行政人員的訓練（不管是職前或在職訓練）都反映出了民主價值。除東歐外，其他民主社會亦需要整體學校政策來實踐民主價值，雖然它們可能覺得不需要。

當然，對民主價值的信心並非只在學校推廣，我們在更廣大的社群中也可用力。大眾媒體（尤其是報紙和電視）對於一般人（包括學生）民主態度的形塑有顯著的影響力。當前大眾媒體倡導的價值觀多與民主理念背道而馳，但這也不能否定大眾傳播媒體也有增強一般民主價值的可能。在東歐國家發生革命時，電視臺和報社往往是民主勢力第一時間去占領與滲透的機構。如果社會要求改變，且其中的公民要能篤定養成新的態度與生活習慣，那就不能低估媒體在公共領域中所扮演的角色。

在一個有生命力的民主政體中，公民會看重那具有民主特色的盼望，他們對民主價值也會有信心。而教育機構要用細膩和潛移默化的方式，盡可能地去灌溉那樣的信心，並鼓勵人們持有對民主社會的盼望。

第三章

勇　敢
（Courage）

　　常有人說，勇敢是我們生活中不可或缺的美德。哲學家傅特[1]（Philippa Foot, 1981）曾說：一個人若不勇敢，人生就不會順遂。」（p. 2）麥肯泰[2]（Alasdair MacIntyre, 1984）則指出，勇敢在落實對個人和社會的關懷，及堅守我們在乎的原則時，扮演著關鍵的角色。在這樣的認識下，我們也就不會對日本的做法感到奇怪了。日本政府頒布的《日本國民小學教學科目》當中（*Course of Study for Elementary Schools in Japan*），有一部分與道德教育有關。在那裡，文件中的文字就直陳，勇敢的培養是道德教育的目標，其中，第七款的文字是：「要熱愛正義，唾棄不正義，要勇敢地做對的事。」（UNESCO, 1983, p.112）

　　假如麥肯泰的觀點是對的，也就是說，勇敢在人類社群的維護上扮演

---

[1] Philippa Foot 是傑出的英國女性哲學家，曾任教於美國柏克萊大學，對當代德行倫理學的復興有相當的貢獻。

[2] Alasdair MacIntyre 是英國哲學家，長時間在美國任教，他所寫的《德行之後》（*After Virtues*, 1984），是德行倫理學中最重要的作品。

著重要角色，那麼我們就可以認定（就好像上述日本人所認定的一般），勇敢對民主社群的發展及茁壯也一定重要。在這樣的認識下，接下來要探索的問題就是：我們如何來培養勇敢的公民？學校和其他機構在這培養過程中扮演了什麼角色？但這兩問題又預設了下列問題：這顯然重要的勇敢究竟是什麼？勇敢在生活中處處出現？勇敢一定就是美德？是不是只有一種勇敢？假如有不同種類的勇敢，某些勇敢是不是會危及社群的運作（A. R. Rorty 在她 1986 的作品中就指出了這一點）？這些問題都需要我們仔細地面對。但在此，我們首先要釐清，這能維護社群運作的心理特質究竟是什麼？此外，我們也需要澄清，「勇敢」與「其他看似勇敢但卻會危及社群運作的心理特質」的不同之處。

什麼是勇敢？（WHAT IS COURAGE?）

在什麼是勇敢的問題上，當下一個主流的說法是：做為一個特定的美德，勇敢使人能夠克服一些特定的障礙。根據瓦勒斯（James Wallace, 1986）的想法，一個行動 Y 是一個勇敢的行動，只要採取 Y 的行動者 A 符合下列的條件：

1) A 相信採取行動 Y 時，Y 是危險的

2) A 相信行動 Y 是值得他冒險的行動

3) A 相信他有可能不去採取行動 Y

4) A 在採取行動 Y 時所察覺到的危險，必須是讓人相當害怕的；害怕到一般人會認為，要去採取行動 Y 是件困難的事

從文學作品及真實生活中，我們不難找到一些例子來挑戰上述對於什麼是勇敢行動的說明。我之所以提出這些例子，用意不是在告訴大家瓦勒斯的說明有其瑕疵，因此應該予以修正。我只是要指出，假如我們對「民主社會碰到危機時能夠讓我們撥亂反正的諸多美德」有興趣的話，我們就

要敞開心胸來考量那些重要的心理特質，並要注意到它們之間的異同。讓我們來看看下列的例子。

在巴恩斯（Julian Barnes）的小說《直視太陽》（*Staring at the Sun*, 1987）當中，有段對話帶出了上述構成勇敢行動條件當中 1) 與 4) 之間的衝突。根據自己在二戰當中的空軍服役經驗，Tommy Prosser 說：

> 你做了一些很平常的事，但其他人卻覺得你很勇敢；或者你認為自己做了一些足以耀人的事，但別人卻隻字不提。所以，究竟誰才能決定什麼才是勇敢？別人或是你自己？我不知道。我相信你自己心中有數，但當在決定頒授勳章時，決定的卻是別人。（p. 47）

以上頗戲劇化的例子可以說明我們熟悉的兩個場景。一個是被別人判定為勇敢的人，他自己卻認為他的作為稱不上是勇敢，他只是做了每個人在類似情況之下都會做的事（從教育的角度來看，這場景透露了頗為重要的訊息，請參見之後的說明）。另一個是當事人認定頗危險、頗嚇人的情境，在那情境中，他自認表現得相當勇敢，但其他人卻不以為然，認為只有愚蠢的人才會認為那情境很嚇人。

在海思密（Patricia Highsmith）的小說《艾迪日記》（*Edith's Diary*, 1977）當中，對故事主角克里飛（Cliffie）的敘述，可以讓我們質疑上述構成勇敢行為的條件 2)。當克里飛還是 11 歲的孩子時，他在聖誕夜從德拉瓦河（Delaware River）的橋上護欄一躍而下。之所以如此做，也沒有什麼特別的原因，也許就只是為了證明自己敢這麼做！對比著他在看不到河水夜晚的一躍而下，他曾經在夏令營當中，「沒有勇氣躍下跳水板，即便他可以很清楚地看到他要跳下去的地方，即便他要跳下去的地方和河水比起來也不深。」（p. 39）好多年後，已經是個年輕人的他，做了一個

惡夢。在夢裡的夏令營，別人要他從跳水板跳進水裡，當他拒絕後，其他
的男孩就恥笑他。夢醒之時，克里飛回憶起他跳下河的往事。小說中的描
述是如此的：

> 克里飛記得他從一個非常高的地方——橋上——跳進德拉瓦
> 河，那時他僅僅 11 歲。難道那麼做不帶種？有多少在夢裡嘲笑
> 他的傢伙有種做同樣的事？跳進河裡的事真的發生過，不是他的
> 憑空捏造。因為他的父母三不五時就會提起這件事，也常常會跟
> 別人說。克里飛把這件事當做他一生當中最勇敢的事，也許是
> 他最引以為傲的事。這一件事難道不是一件無厘頭的事嗎？當然
> 是！但人生當中有什麼事是有意義的呢？（pp. 77-78）

克里飛的作為看來符合上述 1) 與 3) 兩個條件，與條件 4) 也契合。大
部分的人都會把在冬天夜晚跳進看不見的河裡這件事，當做讓人敬畏三分
的舉動。但克里飛的作為卻不符合上述的條件 2)。克里飛認為自己的冒
險作為是值得的，但他的自以為是真的是對的嗎？他認為勇敢的舉動，是
不是該被視為魯莽、蠻幹及想引人注意的愚蠢作為？

面對死亡的勇敢，與前述構成勇敢行為的幾個條件都不合。這裡所
說的死亡，並不是那種特別讓人驚駭和涉及很大苦痛的死亡，而是巴恩斯
（Barnes, 1987）的小說《直視太陽》中所描述的那種死亡。在那文學作
品中，作者描述葛瑞格里（Gregory）如何看待年老伯父萊斯里（Leslie）
的面對死亡。

> 在葛瑞格里最後一次探視伯父萊斯里時，對伯父的一舉一動，
> 不僅是感動而已，更留下刻骨銘心的印象。葛瑞格里一踏進屋
> 裡，萊斯里就說自己快死了，還開了自己要死的玩笑。之後，萊

斯里就岔開話題，談了許多別的事。雖然這確實是兩人的最後一面，但萊斯里並沒有把這場合變成一場最後的訣別，他沒有表現出絲毫的自憐，也沒有催人眼淚。這一切都讓萊斯里的死亡不那麼令人難過。在找不到更好的文字描述之下，葛瑞格里認為他伯父表現得非常勇敢。（p. 134）

假如我們要像葛瑞格里一樣，稱讚他伯父的表現為勇敢，那麼我們就要注意到，萊斯里讓他姪兒感到從容自在的行為，並不符合上述構成勇敢條件中的 1)、2) 與 4)。

另外一個問題也值得考慮。在判定一個行動是否為勇敢時，該行動之是否圓滿成功會扮演什麼樣的角色？許多我們原來毫不猶豫會稱之為勇敢的行動，但假如那行動的結果並不令人滿意，我們也就會視之為輕率或蠻幹的行動。

上述界定勇敢行為的四個條件，也沒有把那面對危險或威脅的行為之目的納入考量。若我是黑手黨的成員，我所碰到的危險在一般人眼中都是嚇人的，加上我的行為符合了上述 1)、2)、3) 的要求，那麼我算是一個勇敢的人嗎？

上述界定勇敢行為的四個條件，也促使我們去支持一個流行的觀點。那就是：當一個人挺身而出為自己的原則奮戰時，我們會認定那個人是勇敢的；我們會把一個尋求妥協的人當做懦夫。

上述的例子引發了下列的問題：第一，在判斷一個行為是否勇敢時，什麼人有資格來做最後的定奪？勇敢的判定是不是有客觀的標準？第二，如何區分出輕率及勇敢行動？第三，行動的圓滿成功對判定行為勇敢與否的重要性為何？第四，目標為惡的行動仍然可算是勇敢的行動嗎？第五，把勇敢等同於特定的行為是否太過狹隘？

在篇幅有限的這一章裡，我不可能好好地來處理上述五個問題，遑論由它們衍生出來的其他問題。但我希望對這些問題提出一個大致的回應。我希望這回應能對民主社會中的政治教育應如何進行有些幫助。

從民主社會中的教育觀點來看，讓我先來處理上述第四及第五兩個問題。我對這兩個問題的想法可以提供一個架構，來讓我們思考對民主人而言非常重要的勇敢品性。就第四個問題而言，我認為，著眼於民主而推行的教育可以不管這個問題。因為我們在這裡討論的人，不是納粹軍官或黑社會頭子，而是為捍衛民主價值而採取行動的人。而我們在這裡討論的民主價值包括了正義、基本自由、政府治理的開放（openness in government）及博愛等，這些都是倫理上值得追求的價值。

至於上述的第五個問題，我在這裡要借羅遜（1986）對勇敢種類的區分來做說明。羅遜把勇敢分為兩類，一是傳統意義下的勇敢（traditional courage），另一是重新定義過後的勇敢（courage redefined）。對羅遜而言，傳統意義下的勇敢是「一組品性（a set of dispositions），這些品性能讓人克服恐懼、抗拒阻礙、表現出高難度與危險的行動……，與軍事活動中的戰鬥和克服險阻有密切關聯。」（p. 151）一個具有如此勇敢品性的人，能隨時面對險阻，能克服大家都會有的畏懼及痛苦，以便可以達成符合價值要求的目標。具有這種品性的人，會把他所處的情境看做是需要戰鬥及和人衝突的情境，在面對如此情境時，結果不是勝利就是失敗。從這樣的觀點來看，妥協就不免會被視為一種失敗。傳統意義下的勇者，不會有和別人合作與妥協的意圖。但在另一方面，羅遜主張：

> 傳統意義下的勇敢有一個值得採用的面向。也就是說，我們需要某些能力和特質，讓我們能在困境和壓力之下有良好的表現，讓我們在明知我們依正確判斷而行會帶來艱困與危險的情況下，仍然能夠堅持下去。（p. 151）

在這種考量之下，羅遜主張，我們需要重新定義勇敢，把勇敢當做一組具異質性的特質，這些特質可以使我們在困境之下有良好的表現，能抗拒我們自保的自然傾向。勇敢就是一組能使人產生力量的品性；在不同情境當中，可被視爲勇敢的品性就會是不同的。如此重新定義的勇敢，就可以涵蓋戰場上士兵的勇敢及前述萊斯里從容面對死亡的勇敢。在對勇敢有一個較寬廣的認定後，我們就可以在這背景之下，來討論勇敢在爲民主而進行的教育當中的位置。

勇敢與為民主而進行的教育
（COURAGE AND EDUCATION FOR DEMOCRACY）

在以下，我將先舉兩個例子。這兩個例子突顯了勇敢對民主社群維繫的重要性。以此兩個例子爲前導，我在這一節裡會處理上述的第一、第二及第三個問題，也會廣泛來思考勇敢的陶成在爲民主而進行的教育當中的位置。

第一個例子源出於前美國總統甘迺迪（John F. Kennedy, 1956）的書《當仁不讓》（*Profiles of Courage*）[3]。沃爾頓（Walton, 1986）在他研究勇敢的精湛作品中將這個例子做了簡短的摘要。

羅斯（Edmund G. Ross）是個不顯眼的共和黨參議員，在詹森總統（Andrew Johnson）1868 年眾議院彈劾案中，每一個共和黨眾議員都投下了同意票之後，案子送到了參議院，展開詹森總統是否該被彈劾的激烈審議。當然，共和黨議員狂熱地想讓民主黨的總統下臺走人，於是努力串連造勢。在整個過程中，他們不把

---

[3]　此書中文版又譯爲《正直與勇敢》。楊宇光譯，臺北：時報出版，2017。

心思放在紮實的證據上……，反而想透過證據的隱匿、各式各樣
的壓力，甚至想嘗試賄賂等各種可能的方法（Kennedy, 1956, p.
113），爲的就是要得到同意彈劾的票。這時共和黨幾乎快得到
了彈劾成功所需的票數。到最後，整個彈劾案的結果就落在一位
尚未表態的參議員羅斯身上。

在那時，羅斯受到一波又一波的壓力，要他順從黨的指
令。他的回應則是，他會基於國家最大利益來做判斷及投票
（Kennedy, 1956, p. 117）。在滿座的參議院裡，他投總統無罪
的票，總統詹森因此逃過了彈劾。

羅斯知道他的決定意味著自己政治生涯的結束……，在之
後針對這件事所做的陳述中，他告訴大家，他當時覺得整個彈
劾案的提出並沒有充分的理由，就只是政黨之間的惡鬥，在那
時也不會有人理會他爲自己行動辯護的說詞（Kennedy, 1956, p.
120）。但歷史卻還了羅斯的公道。根據甘迺迪（Kennedy, 1956,
p. 107），羅斯的決定結果也許維護了美國的憲政體制。（pp.
122-123）

第二個例子的主角是警察西比柯（Frank Serpico）。沃爾頓（1986）
在他的書中曾把西比柯的故事做了說明，而電影《衝突》（Serpico）就
是拍西比柯的故事。這電影由名演員艾爾‧帕西諾（Al Pacino）扮演西
比柯，爲了拍這電影，他還特別花了許多時間和西比柯本人在一起。西
比柯在紐約成爲警察，剛加入時，對警察系統頗有期許，認爲這樣的公部
門會有很高的水準。但不久之後，就發現警察的貪腐簡直是家常便飯，而
且無處不在。他自己儘量不接受賄賂，也不被貪腐惡習所沾惹。他告訴別
人，他不願意涉入這灘渾水。但這越來越困難，尤其當他調到的新轄區當
中，職業賭場鋪天蓋地賄賂警察，即使是不願意拿錢的警察，也脫不了
身。西比柯多次嘗試向高層反應這種情形，但都沒有下落，他的同事反而

因為他的不合群，而極盡能事地嘲諷、孤立和威脅他。最後，西比柯成功地說服了一位資深警察，一起向《紐約時報》（New York Times）揭露警界的黑暗。之後的審判中，他挺身而出，舉證同事的罪行，讓他們全被定罪。

故事還不止於此。之後，在一次攻堅毒梟巢穴的時刻，西比柯的頭部中彈，嚴重受傷。事後，他懷疑這是別人對付他的結果。警察系統為他在這次行動中的表現，還頒給他榮譽勛章，但西比柯覺得這個勛章頒得莫名其妙，他勇敢揭發警界黑幕，才應該是得到勛章的理由。

在了解這兩個例子之後，讓我們來思考前一節中所提的第一個問題。假如我們把這兩個例子放在民主教育的脈絡中來看，那麼，「究竟誰有資格來判定行動的採取和立場的堅持可算得上是勇敢」的問題，其實不是那麼的重要。前述的羅斯和西比柯，也許會認為自己頗為勇敢，但也許不會如此的認定。在他們究竟勇敢與否的問題上，也許別人也有不同的意見。儘管如此，有一點大家應該不會有歧見，那就是：羅斯要進行獨立判斷及依據判斷而行動的決心，及西比柯對掃除貪腐的態度，都是一個民主體制能健康發展的重要條件。在如此的了解之下，我們要鼓勵的就是這樣的態度。假如我們的目標是要學生（未來的公民）具備有這樣的勇敢態度，那麼究竟誰才算得上是勇敢的問題就無關緊要。但若我們真的不考慮這個問題，我們又怎麼有信心在未來像羅斯和西比柯這樣的人物還會出現呢？

問題的關鍵也許不在於要不要把誰才算是勇敢列入考量，而是誰要去關注勇敢？要以什麼方式來關注勇敢？一般人會認定，教育工作者在民主社會中的教育目標之一，就是去培養勇敢的學生。那麼，教育工作者在什麼是勇敢、如何區分勇敢及魯莽這兩件事上，究竟應該考量到什麼程度？再者，我們都希望學生能成為勇敢的人，在這種期許之下，他們對如何成為勇敢的人應該了解多少，他們對自己要成為勇敢的人應該了解

多少？

　　讓我們先來看看學生面對的問題。假如我們依循威廉斯（Bernard Williams）的觀點，那麼學生實在不需要關注與勇敢有關的問題。也許學生需要具備勇敢的品性，但他們不需要去反思與勇敢有關的問題，起碼不需要反思他們是不是具有勇敢的品性。威廉斯（Williams, 1985）指出，勇敢的人在意和思考的事情與一般人不同，但兩者的不同處，並不在於勇敢的人會把他們的作為想成是勇敢的，也許別人會把他們的作為看成是勇敢的，但勇敢的人在乎的只是他們應該做什麼的問題。的確，假如有人把心思放在自己是不是勇敢這件事上，他們的倫理關注（ethical attention）就放錯了地方，因為這樣的人所在意的是「別人有沒有把他們當做是勇敢的人」，而不是「自己究竟應該做些什麼事」。

　　在同一個問題上，教育工作者、家長及教師應該關心的是什麼呢？他們該把注意力放在勇敢的本質是什麼的問題上嗎？也許不需要。因為，勇敢的人在別人提到他們的勇敢作為時，會眾口同聲地強調：自己只是履行義務而已，在同樣情況下，別人也會採取同樣的行動。在這樣的了解之下，教育工作者的工作重點，也許就是讓學生有能力去履行他們的義務，也就是讓學生成為具有民主素養的公民。正如羅遜（1986）所說：

> 要讓人能採取勇敢行動的最好準備方法，就是讓他們有能力採取行動。重點有二，一是能力，二是讓人對自己的能力有信心。（p. 161）

　　在前述羅斯及西比柯的事例中，我們可以清楚地看到這一點。這兩個人專注於他們所處情境中應該做的事，而且義無反顧地為所應為。類似但讓人揪心的事例，可以在勒維（Primo Levi, 1981）的小說《如果這是一個人》（*If This Is a Man*）當中的人物身上找到。這小說的內容與二戰期

間在奧斯威辛（Auschwitz）猶太集中營裡的猶太人生活有關。有些囚犯像史坦勞夫（Steinlauf）一樣，拒絕過著像動物一般的生活，他們把注意力放在怎麼去過個像人一樣的生活，即使沒有肥皂，只有髒水，但他們還是堅持洗澡，用他們的外衣把自己烘乾，繼續挺直走路，不讓自己蹣跚而行。在奧斯威辛集中營，這些就是靜默的勇敢行動。

假如我們在意勇敢公民的培養，那麼我們也許該注意的是讓大家在骨子裡就熱愛自由和正義、在意他人的福祉，並讓大家能在民主社會的日常生活中，知道如何來促進及捍衛這些價值。對家長、教師和未來的公民而言，真正的焦點是民主的價值及態度，而不是如何做個勇敢的人。再者，就一個人的整體教育而言，重要的是讓人能思慮周到、能知道事情的輕重緩急，因此不會因為小事而誤了正事。在第一章當中，我交代了在民主社會中公民應具備的價值、知識、技能和品性。在此應該強調，基於許多務實的理由（如公民具有選舉權的年齡限制及學校是一個公共的機構），學校是推動政治教育最方便的場所。在民主社會裡，政治教育在正式課程及學校組織運作當中，都應該有顯著的地位。

依據上述針對教育工作者和學生所做的建議，重點在於他們應加強對民主的認同與投入，以及為主動積極的公民身分做準備，而不是著力於「勇敢基本性質的反思」和「怎麼樣才算是勇敢的思考」。假如我們要盡力和睿智地捍衛一樣東西，我們就必須在正確的認知下來認同它的價值，而且要能運用恰當的技能來維護它，勇敢的作為必然內含行動者的努力。假如不清楚為什麼我們要採取勇敢的作為，我們自然就會質疑那作為所設定的目標是否值得我們的努力。這個論點其實顯而易見，我之所以強調這一點，是因為我認為英國對民主教育的官方態度，並沒有鼓勵大家來強烈地認同民主價值，這一點反映在國定課程委員會所發布的許多文件上。

如此看來，真正重要的是去推廣與落實為民主而進行的教育。但我們

在這裡還是要面對下列的問題：難道我們根本就不應該鼓勵學生去思考與勇敢有關的問題嗎？勇敢是什麼、勇敢與魯莽的區分爲何等問題，根本就無關緊要嗎？對那些問題的認知，難道不會影響到我們對文學作品的理解及對歷史事件的判斷？我們對那些問題的認知會不會影響到我們的政治判斷？我們該不該去鼓勵學生來思考他們是不是勇敢的人？是否有可能「我之所以會讓自己注意到一個種族主義的笑話（看來會是沒有人注意的笑話），是因爲我告訴自己，假如我不仗義執言就是懦弱的表現[4]？」我們接著來思考與教育工作者有關的問題。教育工作者在「做爲政治教育一部分的勇敢及其養成」[5]應該給予何種關注？以上種種問題，只有我們詳盡處理了勇敢在政治教育中扮演何種角色之後才能恰當地回答。

　　我不確定在爲民主而進行的教育當中，上述第三個問題（也就是行動的結果是否會影響行動之是否會被視爲勇敢）的解決重要到什麼程度。關心爲民主而教育的人，在乎的不是去判定誰才是勇敢的人，而是如何讓人能看重與投入民主的價值及態度。在這方面，假如我們考量之前的說法，我們可以說，羅斯和西比柯所接受的教育都算成功。起碼他們在面臨挑戰時，過往的教育並沒有成爲他們行動的阻礙，即使羅斯的立場可能是錯的，即使西比柯根除貪腐的企圖並不成功，他們的作爲仍然彰顯了民主的精神，也捍衛了民主的價值。

　　把焦點放在爲民主而進行的教育之上，有助於我們解決上述的第二個問題。也就是爲了鼓勵勇敢的行爲，我們需要區分勇敢和魯莽。蠻幹與魯莽的作爲，通常源自於行動者在腦海當中的勇敢圖像，前述克里飛的例子也許就顯示了這一點。但假如我們把焦點放在落實及捍衛民主生活

---

[4]　此處文字較費解，作者應是在說：假如我們對什麼是勇敢有一個清楚的掌握，這種掌握就會影響到我們的判斷與行動。

[5]　本書作者並不區分政治教育與公民教育兩個概念。

之上，我們就比較不會把自己想像為典型的勇敢人物。一般而言，如此人物會採取大膽的作為；在民主的脈絡中，如此人物會去採取引人注意，但終究會讓自己埋下敗因的衝突行動。民主人則不然，他們會把社會正義的追求和基本自由的保障放在心上，因此會仔細思考如何來達成那樣的理想。這當然不是說民主教育就可以讓我們避免掉蠻幹魯莽的作為，即使在政治領域當中也做不到這一點。但民主教育可以抗拒我們要站出來、要給他們好看的衝動。這些衝動所導致的行動，往往不會讓我們達成民主的目的。甘迺迪（Kennedy, 1956）曾指出，在某些情境中，最勇敢的作為也許是妥協而不是勇敢堅持自己的原則。他說：

> 妥協不必然表示懦弱。的確，妥協和調解的人在抗拒選區民眾的
> 極端觀點時，他們面對的就是政治勇氣的最嚴屬考驗。（p. 17）

再一次地，為民主社會當中的公民生活做準備的教育，固然不會排除掉蠻幹魯莽的行動，但這樣的教育也不會排除民主人在必要時會挺身而出。之所以如此的理由，是基於民主教育會讓人以深思熟慮的方式，來思考他們在特定情境中應該採取何種作為，以促進和捍衛民主價值，而不只是採取以往既有的做法。在馬龍·白蘭度（Marlon Brando）主演的電影《岸上風雲》（*On the Waterfront*）當中，他演的故事人物有挺身而出的時刻，但並不是隨時隨地都是如此。

總結而言，在此對勇敢的初探雖然留下了一些尚待解決的問題，但也交代了在培養具有勇德的公民這件事上，須注意的兩個面向。就消極的面向而言，上述的說明會讓年輕人避免把勇敢侷限在少數特定的行動上。就積極面向而言，上述說明關心的是培養學生成為民主公民的方法，這其中包括了：讓他們能認同且投入民主價值；鼓勵他們在肯定諸多價值的前提下，來反思對民主價值認同且投入的優先性；協助他們透過廣博的課程來

取得相關的知識；砥礪他們經由民主教育機構中的生活經驗，來發展民主公民應具備的品性與技能。在積極面向當中的作為，還包括了協助學生去克服某些特定的擔憂或畏懼（fear），因為某些擔憂或畏懼會妨礙民主角色的扮演。這些擔憂或畏懼有：害怕在團體中發言、不敢承認自己的無知、害怕表達不受歡迎的意見等。由於本書侷限於對民主品性的概略討論，所以在此不會深入討論民主教育當中那些特定且非哲學性的議題，雖然那些議題在實踐上還是非常重要。

勇敢與民主的實踐
（COURAGE AND DEMOCRACY IN PRACTICE）

　　在前一小節當中，我針對如何在民主社會中培養勇敢的民主人提出了一個總結性的說法。那總結似乎把培育公民勇德這件事看得有些簡單容易（vanilla-flavored affair）。在我的總結中，公民勇德的培養，主要是透過教育讓人具備民主素養，並同時注意一些會妨礙民主角色履行的擔憂或畏懼。也許有人會認為，培養勇敢民主人的教育活動應不止於此，如此的活動應該是嚴密緊湊的道德課程（moral assault course），課上完之後還需緊跟著可以檢測學生品格的實務練習。針對這種想法，可以回應的有兩點。第一，之前已提過，勇德的培養還有許多在此處沒有深入的要點。第二，我對如何培養勇敢公民的主張，如果要付諸實踐，其實也不會是小工程，因為以英國為代表的許多民主國家，在這方面根本就沒有著力。

　　英國的教育環境當中，對於民主價值的看重及實踐並不理想。麥克格（McGurk, 1987）所做的研究就發現，16 至 19 歲的年輕人普遍是政治文盲，研究者因此就宣稱，如此的年輕人容易受到法西斯主義的影響。再者，早些時的研究（請參考 Crick & Porter, 1978）也呼籲，應將政治教育引進到學校之中。當下英格蘭和威爾斯的國定課程的確有公民教育，

但我們並不清楚那公民教育是不是可以被視為紮實的公民政治教育。學者卡爾（Carr, 1991）、閏吉（Wringe, 1992）及麥洛赫林（McLaughlin, 1992），都對那分量不足的公民教育有犀利的批評。

　　在這樣的背景說明之下，我們可以回想前面羅遜的主張。羅遜認為，能讓人有勇敢行為的最好方法，就是讓人有能力，讓人對自己的能力有信心。就此而言，任何想要培養勇敢公民的民主社會，都需要藉由教育，讓學生具有民主的諸多能力及對一己能力的信心。

第四章

自尊及自重
（Self-Respect and Self-Esteem）

民主社會需要有獨立心智的公民（independent-minded citizens）。如此的公民能為自己的信念挺身而出，能對任何可能發生的威權主義（authoritarianism）提出挑戰，在一己或他人權利受到侵犯時，也能迅速地採取行動。30 年代德國威瑪共和（Weimar Republic）受到的批評之一，就在於當時多數公民缺乏了上述心理特質。從最好的美國民主異議（democratic dissent）傳統，我們可以看出，民主社會需要有異議分子（protesters）及吹哨者（whistle blowers）。民主異議的表達有時需要勇氣，但這表達總是需要能力及對一己能力的信心，羅逖（Rorty, 1986, p. 161）在論述如何讓人能採取勇敢行動的文字中，就交代了這一點。前一章在討論勇敢時，觸及到了如何鼓勵公民能成為勇敢的人，在那裡，我勾勒了讓公民具有能力的政治教育。在這裡，我要把焦點轉移到實踐勇敢行動所需要的其他公民素質，我尤其會關注做為機構的學校，在鼓勵或阻撓學校成員（包括學生和教職員工）在勇敢行動採取上所扮演的角色。我們所處的機構，一方面可以誘發成員的習得性無助，讓成員有能力不足或需

要依賴他人的感覺；但在另一方面，也可以讓成員產生自己有能力及對自己能力有信心的想法。

　　在這一章裡，我要來論證：學校一定要讓學生感到某種的自尊及恰當的自重；隨著學生所受到的教育，教育機構要鼓勵學生來反思這樣的感受和態度。

<h1 style="text-align:center">自尊與自重的分野</h1>
（DISTINGUISHING BETWEEN SELF-RESPECT AND SELF-ESTEEM）

　　羅爾斯（Rawls, 1973）曾在他的《正義論》（*A Theory of Justice*）一書當中論證道，自重或自尊（在那一本書中，這兩個詞彙可交換使用）是每一個民主社會公民都應該擁有的基本善（primary goods）[1]，而在諸多的基本善當中，它們最爲重要。之後，在薩可思（David Sachs）及托瑪斯（Lawrence Thomas）的批評下（參見 Rawls, 1985, n. 33），羅爾斯轉而認定自尊和自重是兩個不同的價值概念，應該予以區分。但在羅爾斯《政治的自由主義》（*Political Liberalism*）一書當中，他似乎又以廣義的自尊將這兩個我認爲不同的概念合併起來。在羅爾斯的認定中，這個廣義的自尊兼具自尊和自重兩種元素。他說：

　　第一個元素（譯按：即自尊）是我們做爲社會當中能與他人互助合作的成員所具有的自信，這種自信植基於兩種道德能力的發展與使用[2]（由此而使得我們具備有能發揮作用的正義感）；第二個

---

[1]　所謂的基本善是構成美好幸福人生的基本條件，如各種的自由、物質生活的資源、受教育的機會及對自己生活方式的肯定等。

[2]　所謂兩種道德能力，一是指我們能了解正義的兩原則（two principles of justice）及依循那原則來判斷及行動，另一是指我們有能力來形塑、修正及實踐自己肯定的美好人生。

元素（譯按：即自重）是我們對自己的肯定感受（secure sense of our own value），這種肯定感深植於我們要去實現的理想人生（a worthwhile plan of life）當中。（1993, p. 319）

在這裡，我不打算針對羅爾斯在 1993 年著作中的論點做更進一步的解析和批評，我只打算對自尊和自重兩個概念應有所區分的想法提出一些理由。

究竟什麼是自重？簡單地說，有正向自重感的人，對自己會有好的評價。例如：他們會認定自己當下追求的是有價值的目的（worthwhile ends），他們也會認為自己具備有必要的品性及能力來追求那些目的。他們或者會認定自己已經達成了一些有價值的目的，也或者認為自己具有一些值得肯定的特質，如姣好容貌、藝術天分、家庭出身等。相對地，那些自重感不高的人，對自己追求的目的有較低的評價（甚至認為完全沒有價值），或會因他們的生活沒有目標而感到完全的困惑。在另一方面，他們或許會認為自己不夠聰明，或不夠自制，以致沒有辦法來達成他們為自己所設定之目的，即使他們認為那目的相當有價值。這樣的人對自己的評價不會很好，他們或者會覺得自己的成就很低，或者會覺得一事無成、自己不夠吸引人或沒有社會地位。

人們對自己高低的判斷正確與否是另外一回事。有些人會誤以為自己不夠聰明；在一己所追求之目的是否有價值這件事上，自己也許不是最佳的判斷者。在自重這件事上，不管是過或不及，真正重要的是一個人應該肯定自己現在的樣子（暫時先不論這自重的具體內容為何）。但這不表示一個人對自己的自重可以立基於任何的信念（甚至是錯誤的信念），也不表示一個人對自己高度的自重，就絕對是件好事（我在之後的小節當中會較詳細討論這些問題）。

我在此處所認定的自重，非常接近羅爾斯在《正義論》一書中所界

定的自重。所謂的自重，指的是對自己人生計畫的價值有相當的信心，值得去追求，也相信自己有能力去落實那計畫。羅爾斯在那本名著當中論證道，假如一個人享有政治上的自治（political self-government）暨平等的政治權利（equal political rights），如此的安排就有助於上述意義下的自重。但是蘭恩（Lane, 1982）及諾齊克（Nozick, 1974）卻指出，這些政治權利的享有對個人的自重並沒有什麼幫助，甚至根本與個人的自重沒有關聯，即使我看重自治（self-government）及民主的政治過程，享有投票權及許多其他政治自由的事實，也不影響我對我自己及自己能力的評價，政治權利的享有，反而與我們做為人的尊嚴感（也就是自尊）息息相關。因為如此，羅爾斯在 1993 年試圖將自重與自尊兩個概念收納在自尊之下，就讓人覺得非常不解。從一個極端的角度來看，我也許對我的所作所為，一點都不覺得有什麼價值和有什麼值得驕傲之處，但即使如此，當我反對他人對我的操控（impositions），當我覺得我受到低人一等的待遇，當我權利受到侵害而感到憤憤不平的時候，反映的卻正是我在意我做為一個人的驕傲。就此而言，我的在意顯示的就是我有自尊。自尊有多重涵義，此處所謂的自尊只是諸多自尊意涵當中的一種而已，而這種自尊正是政治權利的擁有可以促成的。

　　自重和自尊是複雜的概念，它們與公民身分（citizenship）有不同的關係。學校在培養學生具有這兩種重要的品性時，也要注意到它們之間不盡然契合。

體制與自尊（INSTITUTIONS AND SELF-RESPECT）

　　讓我們暫且把自重的問題放在一邊，轉而把焦點放在自尊及體制結構（institutional structures）的問題上。

　　自尊可以有許多的樣態。其中，一般的自尊概念（the formal notion

of self-respect）可說是最基本的。根據這種概念，自尊來自於能動者（agents）意識到自己正在做的事是對的。也就是說，自尊來自於能動者意識到自己依循了自己所堅持的價值。這些價值有可能是宗教性的，也有可能依附於特定團體的榮譽準則（a local code of honor），或有可能是民主體制所肯定的正義、自由及自主的價值。在這一章當中，我要處理兩個議題。一是立基於民主價值的自尊爲何？二是立基於民主價值的自尊與其他形態的自尊之間有何種緊張的關係？

任何的機構或體制（institution）都有其運作的一套規則，這套規則界定了體制（機構）的職權（offices）和所擔負的諸多責任。在一個民主社會中，體制的職權結構（authority structure）在符合民主價值的前提下，會讓社會成員以道德人的身分來行動，因此社會成員會保有他們的自尊。民主的自尊概念（democratic conception of self-respect）與衍生於階層體制的自尊概念（conception of self-respect generated in hierarchical systems）非常不同。在階層體制當中，每個人都有自己所處的階層和地位，依附在特定階層和地位的是特定的權利與義務，而自尊就來自於那特定權利的擁有與特定義務的承擔。民主的自尊立基於個人是具有權利的道德人，道德人具有的一個重要權利就是被平等地對待（參見 Dworkin, 1977），道德人也必須爲其行動負起道德責任。假如民主社會中的職權機制運作良好順當，每個人就會有如上所述的強烈自尊感。

但上述觀點，不表示立基於民主價值的自尊完全依賴一個人所處的外在社會情境，也不表示一個人所處政治情境的運作假如不符合民主理念，他的自尊感就會很低或根本就沒有。在極權國家當中，堅持民主理念的異議人士想改變他們所處社會，他們雖然與當道不合而備受打壓，但他們當然值得享有自尊，也極可能會有強烈的自尊感。在此強調的重點是：假如社會中的權力機制在道德上要能受到接受，那麼它就一定要促成社會成員的民主自尊，而不是反其道而行。

　　在關照教育機構成員的民主自尊的問題上，教育機構可以採用兩種方法。第一，教育機構在決策安排（decision-making arrangement）上，應該反映機構成員是享有權利及承擔責任的道德人的事實。教育機構應該設定成員有權參與其決策過程，由此，機構成員就對機構的作為及其政策負有責任。當然，這並不是說，機構當中的每一個成員都有權利參與機構所有單位當中的每一個決策。機構成員有權參與機構的決策是個通則，但這通則總有例外。我們有許多好的理由把決定權委託給特定的人，但機構須清楚交代為什麼要將那決定權委託給特定的人，也要保證受委託者（包括個人或單位）受到適當的監督。假如某一個機構沒有做到這些事，那機構就很難宣稱自己在支持成員成為負責者這件事上盡了力。換句話說，機構成員的民主自尊就沒有受到機構的支持。第二，一個教育機構需要設立指引來制止它的成員受到歧視，當下有許多教育機構制定了反種族歧視及反性別歧視的綱領和行為規範，這些規定就是反歧視的範例。透過這樣的方法，民主機構中的生活，就會具體向成員展現出民主公民應如何受到對待的樣貌。

自尊的培養（FOSTERING SELF-RESPECT）

　　學校要扮演的不僅是有影響力的示範角色，更要積極培養學生的民主自尊。學校要做的是按照學生成熟程度，來鼓勵學生參與學校的決策過程（如學校當中反歧視綱領的制定），並且透過學生的參與，來鼓勵學生了解自己所具有的道德權利和義務。

　　不管是對學生或對學校而言，培養學生具有民主自尊的過程絕不輕鬆。在這過程中，學生自尊的養成在兩個地方會特別脆弱。第一，當學生受到了別人的藐視或忽視，由之而會感到義憤填膺，此時學生的自尊就會受到打擊。在學生與學校之間，學校對學生的對待，有時的確會損及到學

生的自尊，學生對這樣的對待感到生氣自然有其道理。但有時學校對學生的對待有其正當性，但學生卻誤以為那做法損及他的自尊，因而感到氣憤難當，在這種情況下，學生的反應並沒有正當性。面對這兩種情況，教師需要敏銳地察覺與區別其間的不同，並能妥善採取不同的做法。第二，一個人自尊受損的原因，可能來自於自己的作為或不作為，學生需要有人協助，來了解及接受因為一己過失而受到羞辱的經驗。

在社群所有成員都致力於維護彼此自尊的情況下，那自尊就會蓬勃地展現。在社會處在順境時，這樣的自尊會隱而不顯；但當社會處在逆境當中，社會裡的機構就應該刻意提醒民主自尊的重要。它們理應提供一個架構，來養成機構成員的民主自尊。

自尊、自重及體制（機構）：其間的對峙與緊張
（SELF-RESPECT, SELF-ESTEEM, AND INSTITUTUINS: SOME TENSIONS）

在我們檢視社會體制（機構）與民主自尊、其他類型的自尊及自重之間的關聯性前，有兩點值得我們注意。第一，正如薩可思（Sachs, 1982）指出，一個人不必然同時會有自尊（各種類型的自尊）和自重，有些人可以有相當的自尊，但在自重方面的程度卻很低，也有些人剛好相反。第二，有許多學者——如尼爾森（Nielsen, 1985）、諾齊克（Nozick, 1974）、羅爾斯（1973）、沃澤爾（Walzer, 1983）等——告訴我們，自重的來源有多端，一個人之所以對自己有不錯的評價和相信自己的能力，也許是基於他的職業、他所隸屬的族裔或宗教團體、他的運動能力或他的聰明等。

讓我先提供三個事例來說明民主自尊、其他類型的自尊，及自重之間會有的緊張關係。

　　在一部 BBC 的紀錄片當中，出現了一所並不有名的公學（public school）[3]，片中的一名學生在向校長陳述學校當中的某些事情，這名學生的開場白是：「在一個民主的機構組織當中⋯⋯。」校長在回應學生的陳述時，則回應道：「但我們的學校並不是一個民主的機構，我們的學校就只是一所普通的學校。」這所普通的公學可以用來當我的第一個例子。如此的學校也許會否定學生（甚至教職員）的民主自尊，也就是說，學校不會把學生視爲在道德上能爲自己負責的人，因此學校不會允許學生依其成熟度來參與學校的諸多決策過程。但這樣的學校卻可以爲大多數的學生提供自重的基礎。這種學校中的學生，其自重感大多基於他們對自己有很好的看法，這種自我感覺良好，或者來自於他們所屬的菁英團體（如他們是公學校的學生、他們是伊頓人[4]或哈洛人[5]等等），或者來自於他們優異的表現（學業上的或體育上的）。我們可以從許多人的自傳或半自傳當中，看到與公學有關的許多故事，這些故事都透露了學校並沒有同時讓學生具有民主自尊與自重。有可能是英國公學校在組織結構上保存了植基於傳統階層體制的自尊，也就是每個人都會覺知及固守自己所屬的固定位置，而這樣的自尊並不是一種民主自尊，這樣的自尊不符合民主原則。

　　英國的公學向來就以培養國家領導人才爲傲，它們培養的菁英散布在政治、工商、司法及軍事領域當中。但假如這些公學在運作時根本就缺乏民主自尊的理念，我們又怎能期待它們能讓民主社會成員具有應該有的教育經驗？讓人覺得難過的是，能讓學生很有自重感但卻不提供民主自尊的學校機構，還不僅限於私立的公學而已！

---

[3] 英國的公學就是私立學校，它們以升學爲主，重視體育，學生多來自中上階層，學費高昂。

[4] 伊頓人指的是伊頓公學（Eton College）的學生，伊頓公學位於倫敦附近的溫莎。

[5] 哈洛人指的是哈洛公學（Harrow School）的學生，哈洛公學位於倫敦。

在第二個事例當中，學校會透過它們的職權來支持學校成員的民主自尊，但有些學生會排斥學校的作為。這些學生對學校所公開肯定的個人自主和自尊的價值並不認同，他們對環繞在民主自尊的諸多價值不以為然。這是因為他們承襲了一套根深蒂固的宗教價值系統，而那系統容不下與民主有關的價值。如此學生的自尊，源自於他們全心投入的宗教價值，他們在學校中，可能會因為有傑出的表現（如學業的、音樂的、體育方面的各種表現），而對自己有高度的自重，但他們傾向於把學校當作工具。他們在學校活動中有傑出表現，因而享有相當的自重，但他們卻對於民主價值及其所肯定的民主自尊的理念不以為然。今天英國主流教育當中，一些隸屬某些宗教團體的學生會有上述的立場。

在第三個事例中，有些學生一方面排斥學校以其職權所倡導的民主自尊，但在另一方面，這些學生卻缺乏由另外價值體系所能提供的自尊感。除此之外，他們對學校所肯定的價值系統也不以為然，這是因為學校所肯定的價值，不足以讓他們獲得自重感，這些學生的自重感來自於校外的活動或角色，如舉重、打工、兇狠幫派中的一分子。學校對這樣的學生根本起不了教育的作用，也毫無拘束力。

上述三種情況，顯示了學校在倡導民主自尊上的問題。第一個事例顯示了一個教育機構對成員民主自尊的不看重，而這種不看重對民主社會而言會構成一個問題，這例子突顯了我們有必要去營造一個看重民主自尊的教育環境。在第二個事例中，學生雖然享有因學校活動而產生的自重，但他們卻排斥了那肯定自尊的民主架構，轉而堅持他們因為固有宗教信仰而產生的自尊，這個事例也顯示了多元主義和多元信仰社會所面臨的價值衝突問題。由這衝突來看，我們有必要去建構一個在多元價值社會中大家都認可的價值架構（參見 Haydon, 1987; J. White, 1987）。第三個事例呈現的問題比較嚴重，事例中的學生只是名義上的學生，學校對他們毫無作用。上述三個事例（尤以第三個事例為然）所牽涉的問題，也關係到學校

有培養學生自重感的責任。學校應該採取什麼作為來提高學生的自重？在自重的來源可以有多端的認識下，一個教育機構是否可以選擇特定的活動項目來培養學生的自重？假如是的話，有哪些活動項目？

與自重有關的問題
（PROBLEMS WITH SELF-ESTEEM）

　　我們的基本倫理信條排除了經由對他人的傷害及殘暴而產生的自重。除此之外，任何其他事情都可以是自重的來源。我自重的理由可以來自於我能俐落料理家務，你可以因為是收入頗豐的新聞記者而有自重感，他則可以因為善於賽鴿而產生自重。

　　自重來源的多端構成了什麼問題？有些學者認為，自重的多端來源正是民主社會的優點。諾齊克（Nozick, 1974）主張，我們應該增加各種不同的價值標準，以方便大家以不同的標準來衡量自己。尼爾森（Nielsen, 1985）認同這一點，但他強調，非競爭性的衡量標準也應該納入。也有許多人指出，我們應該重新評估學校的課程，因為學校的課程太過強調學生在學業上的表現（參見 Hargreaves, 1982; Martin, 1993; O'Hear & White, 1991）；假如我們接受上述的觀點，那麼在學校中，學生可感到自重的來源就會增多，而這對在上一節第三事例當中學校愛莫能助的學生，會有很大的助益。果真如此的話，學校可以策略性地以細膩手法，來增加各種不同評量學生的標準。學校肯定的不應只是學生的學業表現，更可以肯定學生的體育表現、藝術展演及鼓樂的成績等。這些種種，都可以成為學生自重的來源。

　　上述的主張固然不錯，但可能也有些問題。比如說，我們從一個更謹慎的觀點來看，任何價值標準都可能受到大環境的變遷而異動。有些原來受到高度肯定的事，在時日遷移之後，就不會那麼被看重了。比如說，做

個普通的家庭主婦原來是讓人感到自重的來源。但現在呢？我們因此要問學校，是否可以培養出讓學生不受時尚風氣左右的自重感？

上述主張也有其倫理道德上的諸多問題。學校是否應該支持學生從無足輕重的事情上得到自重感，並從而對自己有正面的看法？我們可以區分對學生自重的培養及虛榮的鼓勵嗎？有自重感的學生與他人的關係又如何？對學生自重的培養，有可能讓學生對不認可他們的人（如不認可他們熱衷於足球）產生一種冷漠感，或讓自己處在孤芳自賞的狀況？更糟糕的是，學生也有可能對別人有不以為然的敵意。也就是說，學生有相當的自重感，但卻因此培養出漠視大環境的閉鎖態度。在看到少數族群或許多人表現出強烈的自重，教師應該採取的立場為何？假如某個學生的自重建立在某個單一且特殊的事情上，老師應該去撼動那學生的自重感嗎？

為了要回答上述問題，我們需要關注整個的教育過程，而不只是關心其中的一個片段。

自尊、自重及教育
(SELF-RESPECT, SELF-ESTEEM, AND EDUCATION)

在之前，我已針對學校應如何體現民主自尊及如何積極培養學生的自尊，提出了概略的建議，我的這些建議適用於各級教育。以下有關自重的建議同樣如此。

前面已經提到，所謂的自重，就是一個人認定自己追求的目的有價值，也認為自己有能力來達成那些目的，而教育機構的任務之一就是在培養成員的自重態度。在小學當中，自重扮演了樞紐的角色，小學生的發展就植基於他們的自重感。小學教師一定要很巧妙地來培養學生的自重感。幸好，小學階段的學生有很多東西要學（不管是學業上的、體能上的、生活技能上的或道德上的），只要他們想學，教師總是可以就學生新

學會的知識、技能及態度，給予肯定和稱許。從成人的眼光來看，小學生的某些成就做爲自重的基礎，的確會有些薄弱。但儘管如此，對 4 到 7 歲的兒童而言，若是自己能繫鞋帶，或是在必要時能夠向別人道歉，這都可以算是眞正的成就。所以對這些事情的肯定和稱許，的確可以是培養孩子自重的方法。但教師還是必須小心，當學生的表現眞正的是成就，才值得稱讚，若有的學生很輕易就完成一項工作，根本就沒有費什麼力氣，教師在這個時候就不要給予肯定，否則就會流於對學生的寵溺。好的教師總是可以發現方法，讓學生覺得自己有能力向上、眼前有值得完成的事情、會成爲像樣子的人。小學教師應該做的事大致如此。

在小學階段之後的教育中，學校除了繼續鼓勵學生，讓他們相信自己有能力達成有價值的目標及成爲受肯定的人，還要提供學生足夠的知能工具，以便他們能掌握自己的人生，不至於受到無端勢力的左右。在這樣的認知下，學校要鼓勵學生對自尊及自重採取一個反思的態度，試著去察覺與這兩種態度有關的諸多議題。更詳細地說，學校應在下列三方面來鼓勵學生的探索和反思。

第一，學校應鼓勵學生去了解自尊及自重的概念，也要能掌握這兩者之間的關係。在這方面，又可分爲兩個部分。其一，學生須了解民主自尊與其他類型的自尊有所不同，後者特別指的是依附於傳統階層體制的自尊。在那系統中，每個人都知道自己所處的位置或地位，而自尊就來自於享有和履行與那位置有關的權利和義務。其二，學生須了解，民主自尊的擁有並不表示一定要堅持一己既有的權利、強調自己的尊嚴或拒絕任何的妥協。在是非並不是那麼明朗的情境中，不吝嗇的道歉可以避免人際之間可能罅隙，堅持自己的權利反而會增加隔閡。如此的做法，當然不違背民主的自尊。在之前的說明中，民主自尊似乎意味著對任何外在掌控的反對，或對任何權利侵犯的抗顏不以爲然。我希望在此處的說明，可以糾正那錯誤的印象。一個講究道德倫理的教育，一方面會讓學生了解與民主自

尊有關聯的權利，在另一方面，也會讓他們知道對自己權利的放棄，並不是道德上絕不可以的事。

第二，當學生了解了不同類型的自尊、自重、職權的結構（authority structures）及三者之間的關係之後，有些人可能會發現，不管在理論或現實生活中，我們的自重都可能來自於我們所處社會體制中的職位或地位。教育在這方面須提醒學生，如此來源的自重可能帶有危機。假如個人的自重源自於他所擁有的身分，這個人就有可能為了一己的榮耀去追求更高的職位，或者就容易為了獲取體制當中他人的認可，而對有權有勢的人採取卑躬屈膝的態度。當然，這也不是說，職位擁有者在有良好表現後，不該對自己感到滿意。我在此只是要提醒大家，要適當地節制來自於職位的自重。

第三，在協助學生如何適當節制自重感的問題上，學校的任務是去教學生不要太過與不及，也就是去做到亞里斯多德所主張的中庸。在學生較成熟時，學校應鼓勵學生去探索自重的諸多來源。這種探索包括社會對個人的影響及自己要擔負的責任兩方面。

在第一方面，這種探索應該包括社會究竟是如何的運作及為什麼我們會成為現在這個樣子。我在本書第一、三章所勾勒出來的政治教育及學校中的歷史暨人文學科，都會關照到如此的探索。對每一個人來說，了解自己成為現在這個樣子是一件很重要的事。一般人很容易落入我們是完全獨特個體的迷思（the myth of total individual uniqueness）。這種迷思如果引導我們去認定，每個人的擔憂、焦慮、罪惡感、成就或成功，都是自己所造成的結果，因此自己也應該去承擔這結果，這樣的認定就可能會造成一些傷害。過去幾十年來的女權運動，讓我們充分了解到，女性的生活及生活方式受到社會力量的巨大影響。（吳爾芙〔Virginia Woolf, 1882-1941〕的小說《自己的房間》〔A Room of One's Own〕對這一點有最經典的說明。）這種了解有助於我們察覺，為什麼有些團體成員會有相當的自

重感，而有些團體成員則沒有。在這樣的了解過程中，歷史、人文學科及廣義政治教育當中的一些面向，對學生了解自己和他人的自重感來由都很重要。

在此也要強調一點，學校做為社會機構對其成員的自重會有系統結構性的影響。學校或者可以增強，也或者可以減弱學生的自重。比如說，學校當中有些活動很受到大家的看重，可是一小部分的學生卻因宗教的理由而不能參加。在這種情況下，為了讓學生探究不同的社會結構會影響個人的自重，學校就應該鼓勵學生去檢視學校在這過程中所扮演的角色。

在自重的來源方面，個人除了要掌握社會運作及他所處社會結構（不管是大體上的或直接影響到他的）對他造成的影響之外，他還必須對因為自己的表現而產生的自重感（不管是正面的或負面的）展開探索。這意味著個人要能以抽身（stepping-back）的方式（Smith, 1985），來反思自己及自己要為一己自重感負責的那一部分。如此的反思過程，包括了：在諸多使自己產生自重感的來源中，哪一項較重要？為什麼？從哪一個觀點來認定它較為重要？假如我們希望學生不受到某些情緒或想法的宰制，或受到它們影響之際，有能力去了解它們，而且能擺脫它們的影響，那麼我們的教育就是讓學生能抽身來檢視一己自重感的來源。從這個角度來看，所謂教育性的成長（educational development），關心的就是學生是否有能力來評估他所追求目標的價值以及學生是否有能力來追求那些目標。在前一小節的最後，我關心到教師撼動學生的自重感是否為一件好事，在上述的討論之後，這問題的答案顯然就是肯定的。當面臨學生的自重在道德上有問題時，教師的工作就是去撼動學生那樣的自重感。換個正面的角度來看，學校應有能力改變學生自重感的來源。也就是說，從學校提供的廣泛活動中，學生應有機會找到自重的來源。而如此的自重，是學生在他們人生初階時沒有機會去經驗到的。我們有時碰到一些人在回憶學校生活時會說：若沒有這樣的機緣，我就絕不會想到會參加西洋棋比賽，或在大學裡

攻讀數學。如此的回憶，突顯的正就是學校的功能。

另外一點也很重要。假如學生能對自己自重感的來源採取一種反思的態度，學生養成的這種態度，會有助於他們抗拒別人的偏見。對身處於自己所屬族群受到汙名化的人而言，他們對自己的觀感和評價，往往來自於別人對他們的想法和態度。假如他們了解了這一點，他們就能擺脫掉他們對自己最初的認定和評價，不認為那些東西是自然和合理的結果。

自重、自我感覺良好及自戀
（SELF-ESTEEM, FEELING GOOD, AND NARCISSISM）

在這一章的最後，我要檢討在培養學生自重的過程中，學校扮演的角色所可能引發的質疑。

有人會問，在要求教師去支持及培養學生自重這件事上，教師所做的，是否大半就是提供讓學生自我感覺良好的治療（feel good therapy）？面對這個質疑，我的回應是：當然不是如此！因為之前要學生進行與自重有關的探索，無論是在社會整體或個人層面上，都是非常根本性的和具挑戰性的。在這種探索中，學生在社會層面上，就會了解為什麼民主社會特別強調公開透明的重要，也會察覺有權力的人會援引意識形態來維護他們既有的權勢。在個人層面上，學生會意識到誠實、自欺及自重之間的關聯性。這兩個層面上的理解，對我們想要改變個人和社會生活都至關重要。

第二個質疑是這樣的：鼓勵學生針對自重的來源採取一個探究與反思的態度，反而會讓學生形成不健康的自我感覺良好及自戀，而如此對自己的信心，絕不是民主社會公民所需要的信心，有信心的人不須去探索為什麼會看重自己的源頭。針對這質疑，我的回應是：這個質疑也許是對的，但我們須謹記，教育的目標不是讓學生單單能夠自重（不管那自重是什麼樣的自重），而是讓學生具有在適當範圍中的自重。就此而言，在這章當

中，讓較成熟的學生來探索與自重有關諸多議題的建議，就絕對不是促使學生自戀的舉動。假如學生的自重是經過反省之後而確定的，那麼這種自重會比未經反省過的自重來得有用，這種自重可以讓人抗拒潮流風尚的左右。

　　第三個可能的質疑是：讓學生了解自重及自尊的來源，僅侷限於對個人的關心而已。面對這種質疑，我的回應是：事實並不是如此。我們可以說，當學校致力於讓學生對自重及自尊採取一種反思的態度時，學校的這種作為其實有助於良好社區生活中的互助合作，這是因為這樣的教育政策可以連結多元社會中的成員。的確，社會成員的自尊基礎及自重來源會有不同，甚至彼此會有衝突而產生敵對的狀況，但學校所提供的教育經驗，可以讓學生共同了解那些彼此有關聯的議題。在多元的社會中，由於多元會產生衝突，多元社會於是必須透過一定的程序來達成大家都可接受的妥協方案，而學校在培養學生了解自尊及自重的來源時，會有助於學生來參與這樣的過程（可參考 Haydon, 1987; Jones, 1987; J. White, 1987）。學校在這方面的努力，也有助於前述第二類學生（譯按：因宗教信仰而不認同民主體制的學生）及第三類學生（譯按：對學校整體價值觀完全排斥的學生）融入學校的生活。我們不須認定民主的自尊必然與其他類型的自尊（如基於宗教的自尊）會有衝突。在這個問題上，我們還有探索的空間。在面對學校當中長期自重感低落的學生，有實際證據顯示，學校還是可以有所作為（此點可參考 Moseley, 1993; Power, 1993）。

　　當學校整體政策致力於促成及發展學校成員的民主自尊及自重時，我們可以從學校做為正式機構的角度，來思考如何透過機構的作為來達成這目的（此點請參考 Fielding, 1985）。

第五章

友　誼
（Friendship）

　　我們不難想像擁有自尊的公民能享有合宜的自重，他們對民主的未來生活有期盼，對自己的價值觀有信心，並擁有捍衛一己的勇氣。當擁有這些後，公民仍可能有一項嚴重的匱乏，那就是本書至今尚未提及的友誼。人生當中悲慘的事，一是小時候在遊樂場上，最好的朋友拒絕和我們一起玩耍；另一則是年長時，好友俱逝，只有我們獨留世間。亞里斯多德認為，在人生的各個階段中，「如果沒有朋友，沒有人會選擇活下去，即使他擁有人世間其他美好的事物。」（*Nichomachean Ethics*, 8.1.1154b）亞氏的觀點看來掌握了我們認定的友誼價值。

　　如果友誼果真如此重要，那麼民主社會中的教育是否能把它設為一項主要的目標？在最廣義的教育中，我們是否可以培養人際之間的友誼？如果是，鼓勵友誼的培養是不是就能成為學校教育的目標？若要深入探討這些問題，我們首先需要知道友誼是什麼，我們究竟應該賦予友誼何種價值？友誼是不是一種單一特定的人際關係？（Is it a unitary thing?）當我和一位公司老闆提到正在撰寫關於友誼的哲學論文時，他回應我：「啊！

妳是說妳在寫有關人與人交往聯繫的事。」在說這話時，他腦中所想的
與心理師建議我們要有朋友是同一件事嗎？因爲這些與他人有緊密聯繫
的人，活得較久也較健康（Bellah et al., 1985, p. 135）。那公司老闆和心
理師所認定的，是否如同布郎姆（Lawrence Blum, 1980）著作當中凱特
（Kate）和蘇（Sue）之間的友誼？

　　凱特和蘇是朋友，她們都在一間大保險公司任職。蘇安靜、善體
人意，有時有點情緒化；凱特則是樂觀與外向。

　　　蘇和凱特喜歡對方的陪伴，喜歡談論共同認識的人及辦公室
發生的事，欣賞並珍視彼此間不同的特質，凱特覺得自己從蘇身
上學習很多。

　　　凱特很關心蘇，因爲蘇經常容易陷入低潮。當蘇低潮時，凱
特也學會了如何讓她感覺好些。蘇本性不習慣吐露那些令她煩惱
的事，但凱特已經找到如何在蘇想談時讓她說出煩惱的訣竅。有
時被逼得太緊時，蘇會用不太體貼的方式拒絕凱特，這讓凱特很
受傷。但更多時候，蘇很開心有這樣一個可以談心的朋友，並感
激凱特的關心和總是鼓勵她說出心裡的話。有些時候，凱特僅僅
透過自己的開心（而她總是如此）就能激勵蘇；但凱特也會自覺
到，有些時候並不適合表現出如此的情緒。

　　　凱特和蘇對彼此的相處覺得很自在，覺得兩人共處時，會
比和其他人相處更能做自己。她們彼此信任，覺得不用掩飾自
己。她們會談論與自己丈夫都不會談論的話題，知道對方會認眞
看待這些事情，也不會破壞彼此間的信任。她們熟知彼此，知
道如何在不想公開的個人事務上能夠幫助對方。她們深深關切彼
此，也知道對方這麼想，雖然她們都不會公開挑明。她們對另一
方給予的照顧和關懷都心存感激，這就是爲什麼彼此能對另一方
敞開心胸，因爲兩個人知道對方給予的回饋將會是關心，即使這

些關心有時並不是直接的實質協助。

　　凱特和蘇願意竭盡所能來幫助對方，她們也隨時準備向對方伸出援手：幫忙購物、去洗衣店拿衣服、在工作上彼此支援掩護，甚至幫忙照顧孩子。

　　當凱特為某件事情煩惱時，蘇同時會關心這件事；反過來也是如此。蘇會想到如何幫助凱特來解套，例如：她會幫助凱特來面對惱人的老闆。

　　然而蘇和凱特的關係在開始時並不是如此，她們是慢慢才熟悉彼此。兩人不同的性格讓她們一開始不容易在一起，況且，凱特直到現在都還會感到被蘇拒於門外。凱特會刻意取悅蘇、讓蘇喜歡自己，甚至因為如此而忽略自己的意圖和需求。在這樣的不安中，凱特也無法專心地注意蘇真正的需求、感受和處境。凱特試著與蘇一起努力，自己的用心加上對彼此關係更深一層地投入後，才克服了這些不安，由此才能清楚理解彼此不同的需求和感受，並能克服曲解對方的傾向。（pp. 68-69）

　　在此，我們需要思考一下，為什麼我們覺得友誼有它的價值（不論像是凱特和蘇之間的友誼，或其他沒那麼深厚關係的友誼）？友誼的價值是否出於某些工具性的理由（即使是很值得肯定的理由，例如：有助於自我認識）？友誼本身或某些種類的友誼是否具有內在價值？這些不同的價值如何影響其做為教育的目標？教育工作者是否需要考慮友誼的副作用？

友誼的種類（KINDS OF FRIENDSHIP）

　　亞里斯多德在他倫理學著作提到的友誼是很好的討論起點。納思邦（Martha Nussbaum, 1986）指出，亞里斯多德在友誼的著墨，多過於其

他單一主題。亞里斯多德提出的友愛（philia）概念，乍看之下是比友誼更廣義的概念，它包含了母子間、夫妻間或其他家庭成員間的關係，它的重點在於分享（sharing）與相互對待（mutuality）。然而，仔細思量後，亞里斯多德的概念究竟比我們的概念寬廣了多少？我們對親子和夫妻之間成為朋友的概念並不陌生。如同馬奎茲（Gabriel García Márquez, 1988）[1]所說的：

> 她高興地意識到，一個人愛自己的孩子並不是因為他們是自己的孩子，而是因為在扶養他們長大時所培養出的友誼。（p. 211）

　　那麼，我們如何界定這些關係呢？顯然地，並非所有人真誠愛上或喜歡上某物，我們都可以稱為友愛（philia）。如同亞里斯多德所指出，有些人愛酒，然而愛酒的愛絕非我們現在所討論的友誼。我們從這個例子可以看出友誼這概念的兩個組成元素，這個例子當中的人和酒沒有相互的情誼，愛酒者不會把酒當做祝福的對象。如同亞里斯多德在《修辭學》（Rhetoric, 2.4.1381a）裡提到的，友誼看來涵蓋了因為彼此關心而產生的相互的善意（mutual well-wishing）及相互的善舉（mutual well-doing），而這善意和善舉的表達，並不因環境的順遂與否而改變。當我們有困難時，我們會向朋友求助；而當朋友有難時，我們也會與他們一起承擔。無論是福是禍，我們都會一起擔待，不會迴避（參見 Wilson, 1987）。在高婕（Isabel Colegate, 1988）所著的《時間的欺騙》（Deceits of Time）中，一位長者休（Hugh Campion）把自己當做是一群朋友中的一分子，然而在這個例子中，我們找不到朋友之間相互對待的情誼。

---

[1]　Gabriel García Márquez，二十世紀最偉大的作家之一，主要以西班牙文寫作，於 1982 年獲頒諾貝爾文學獎。

休所讀的書往往引導他結交朋友的方向，他選擇閱讀十七世紀福
克蘭勛爵（Lord Falkland）的傳記就是如此。他喜歡一群朋友的
想法，可以（透過閱讀）想像自己有所歸屬。（p. 179）

他對荷蘭之家的交友圈（Holland House set）[2] 和布盧姆茨伯里的團體
（Bloomsbury Group）[3] 具有熱情，並「自認為和魏美絲女勛爵（Lady
Wemyss）有著或多或少的浪漫友誼」。

這個秋天……他開始參與大圖村的交友圈（Great Tew set）[4]……
在大圖村，環繞在福克蘭勛爵周圍的人都特別有魅力、聰明，對
世俗成敗漠不關心，有值得肯定的美德。這些朋友間的友誼也許
不盡完美，但至今他還未發現，他開始覺得逐漸地認識了這些朋
友。當然，在好久之前，他還完全無法想像這些人，但現在他覺
得大圖村就像他自己的家一樣。（p. 180）

休和他的這些「朋友」看起來似乎有點詭異，甚至有點讓人難過（當然好
過連這些大圖村朋友都沒有的景況），但我提這個例子，並非想要特別
強調朋友間的相互對待之義，而是由於這個例子牽涉到教育的問題。因
為，休對書中人物所產生的嚮往之情並非特例，我想許多讀者都會有相同
的經驗。如果這麼的理解是對的，對年輕讀者理解友誼來說，文學又扮演

---

2 這個十八世紀末到十九世紀中葉的社交圈成員，往往有很高的才能或顯赫的身
  世，蔚為當時英國和國際間知識分子聚集之處，成員們聚在一起討論歷史、文
  學、政治等。
3 二十世紀前半葉英國作家、知識分子及藝術家們聚集的團體。Bloomsbury 位於
  倫敦的文教區。
4 於 1630 年代聚集於倫敦和牛津郡大圖莊園的神職人員與作家們。

什麼樣的角色？

　　最後，根據亞里斯多德，一個友誼的成立，必須建立在雙方都意識到對方的喜好及善意之上。在彼此不熟悉的人之間，也有可能存在著相互之間的仰慕，但這仰慕並不足以讓他們成為朋友。這種相互仰慕之情有些時候看來存在於拉金（Philip Larkin）和平姆（Barbara Pym）[5] 之間，只有當雙方知道了對方對自己作品的欣賞和善意，友誼才會開始發展。

　　對亞里斯多德而言，三種廣泛而不一樣的關係構成了友誼的條件。這三種關係各有其不同的基礎，它們分別是愉悅（pleasure）、利益（advantage）和品格（character）。在以愉悅為基礎的友誼中，朋友間的聯繫僅限於樂趣的尋求；當友誼建立在享受彼此的陪伴及參與共同的活動之上，如此的友誼就是以愉悅為基礎的友誼。然而，當如此的朋友遇到阻礙，他們就不會像前述凱特和蘇一樣試著共同努力來解決問題；甚至，這些阻礙就成了大家分道揚鑣的理由。基於利益的友誼可能類似於專業上的關係。兩個年輕老師可能會分享上課的想法和教材，交換與專業有關的課程訊息等。他們可能在一天忙完後，會到學校交誼廳喝茶聊天，享受共同

---

[5]　平姆與拉金的通信始於 1961 年，當時拉金仍是一位默默無聞的圖書館員，偶爾寫寫詩出版詩集，平姆卻已是數本小說的暢銷作家。拉金的第一封信，在表達對平姆小說的欣賞，然而隨著時間的演進，兩人的際遇大不相同，拉金的詩集逐漸受歡迎且在文學界成為有影響力的人，平姆的小說卻逐漸失去廣大讀者和出版社的青睞，甚至到後期不再為其出版。在彼此二十餘年的通信中，拉金不僅以溫暖、賞識的語氣鼓勵平姆外，甚至在 1976 年作家和評論家的集會中，將平姆列為近七十五年來最被低估的作家之一，而她是唯一在此列表中仍然在世的一位。在此之後，平姆重新獲得讀者與出版界的賞識，其著作在 1977-1979 年大賣，使其重新贏回文學界的聲譽。平姆與拉金的通信，因著兩人的文學造詣和相互賞識的友情，傳為後世的佳話。參見 Thomas, F.-N. (2006). "Philip Larkin, Barbara Pym, and the accident of literary fame." *New England Review*, 27(2), 8-26.

的時光，但在其中一方轉去他校時，這份關係就會逐漸淡去。在以品格爲基礎的友誼中，欣賞彼此的特質和優點是維繫雙方關係的理由，關係中的雙方彼此喜愛對方本來的樣子，欣賞對方的態度、志向或心理特質。因爲這份關係的連結立基於雙方的人格特質，如此友誼就會長長久久，就像凱特和蘇一樣。

值得注意的是，前兩種類型的友誼並不是任何形式的剝削關係（exploitative relationship）。雖然那關係的根基分別是愉悅或利益，但如果這些關係眞的是友誼關係，其最終就會如古柏（John Cooper, 1980）所言，它們是種互利關係。此外，這些不同種類的友誼並不會互斥。以品格爲基礎的友誼，朋友之間也可能感受到彼此相處的愉悅；以利益爲基礎的商場朋友和專業同道之間，同樣可以從彼此相處當中獲得樂趣。

之前提到過，在友誼的關係中，一方對他方會有善意及善舉。但在此，我們須謹記，友誼也會有副作用。以品格爲基礎的朋友，會因對方展現的特質或呈現的本色而受到吸引。但那彼此吸引的特質，也許是那不值得去欣賞的品格。一些友誼也許建立在不好的品性（也就是惡德，vices）上，透過朋友的關係，這些惡德會受到增強，終而更清楚與放肆地表現出來。如果這些惡德是個性上的瑕疵，友誼關係就會助長一些相當愚蠢的行爲；但若這些惡德是比較嚴重的缺陷，那友誼關係就可能帶有破壞性的危險，在極端的例子中，將導致關係中的雙方同歸於盡。這樣的關係，就好像之前凱特與蘇之間關係的鏡面反映，只不過這是顯眼的負面扭曲反映。珍‧奧斯汀（Jane Austen）的著作中有一系列這類愚蠢結果的例子，就像是《理性與感性》（Sense and Sensibility）中的瑪莉安（Marianne）與魏樂比（Willoughby）[6]。在現實生活中，這類的例子就像

---

[6] 奧斯汀描繪魏樂比是個視感情爲無物的男人，他與女性的關係或者是爲了自己的愉悅，不然就是爲了獲得其中的好處，他輕視情感關係中的情緒感受，會用

是王爾德（Oscar Wilde）與道格拉斯勛爵（Lord Alfred Douglas）或是費滋傑羅夫婦（Scott and Zelda Fitzgerald）[7]。在這些例子中，我們不禁會想，如果他們身處於不同的關係中，他們的遭遇會更好，人生也會更亮麗。

　　與友誼相關的副作用還不止上述一端。友誼當中有時會有背叛，而年輕人對這種背叛特別敏銳，也容易感到格外的痛苦。在一個沒有宗教信仰的世界當中，對大多數人而言，朋友是我們的一切。朋友的背叛會讓人有強烈的痛苦經驗，因爲我們沒有像耶穌那樣的朋友（friend in Jesus）[8]可以來減輕那受到背叛的苦難。

　　友誼也有可能滋生另一個負面影響，那就是友誼也許會讓人產生悲劇性的衝突。這個事實與亞里斯多德學派的主張大爲不同。在亞里斯多德學派的認定中，友誼與我們其他的責任形成一種和諧的關係，彼此之間不會衝突。但在某些情況下，我們對朋友的忠誠可能高過其他義務，這可能給我們帶來極痛苦的衝突。在一番痛苦掙扎後，一個人在對朋友的關懷之下，可能會強迫自己違反長期持守的其他道德信念。

　　友誼是一個廣泛的主題，在這短短的一章之內，我只能從它多個面向及它引發出來的問題中，選擇一些來討論。我一方面不會討論性關係的議題，另一方面也不會討論公民之間稍有距離的那種關係。當然，這兩種

物質的好處來交換愛情，女主角瑪莉安與他的關係就是文中作者認爲的負面扭曲例子。

[7]　王爾德與道格拉斯相遇於牛津，兩人的同性戀情在當時引起軒然大波，王爾德因此受審。Scott Fitzgerad 是美國名小說家，《大亨小傳》（The Great Gatsby）的作者；Zelda Fitzgerad 是他的妻子，兩人的婚姻關係以轟動始，悲劇終。

[8]　Friend in Jesus 來自於基督宗教著名聖詩 "What a friend we have in Jesus"，此首詩歌最早於 1855 年由一位牧師所寫的詩詞來安慰自己在遠方的母親，表達即使自己不在身邊也有耶穌陪伴，這首詩詞在 1868 年被編曲成爲聖詩。

關係當中也可能發展出友誼。愛人間的關係通常也是某種程度的友誼；同樣地，在社群中的工作夥伴或成員也有可能進一步發展出友誼關係，就像凱特和蘇的情況。我同樣也沒辦法在這短短的篇章內處理下列問題：把友誼分成不同的程度是恰當的嗎？友誼和親密關係（intimacy）的關聯是什麼？亞里斯多德學派的分類包含了所有種類的友誼嗎？人們因為某種實作活動（如哲學）而建立的友誼會是什麼樣子？即使我把焦點放在彼此存有善意及善舉的緊密關係上（這關係發生在兩人和小團體之間），要探討的議題仍然很大，大到會讓我感覺到，我並沒有對這議題的主要面向有公允的交代。

友誼為什麼有價值？（WHY IS FRIENDSHIP VALUABLE?）

以愉悅和利益為基礎的友誼有明顯的價值。以品格為基礎的友誼呢？亞里斯多德和後世的學者給了許多如此友誼有價值的理由，讓我介紹其中幾項主要的價值。

包括培根（Francis Bacon, 1561-1624）在內的許多人，都認同友誼有共同分享喜悅和分擔悲傷的價值，視其為第一個友誼的果實，因為這會讓「喜悅加倍，並讓悲傷減半」（Bacon, ed. 1985, p. 141）。前述凱特和蘇的故事就清楚地呈現這一種價值。

與上述友誼果實相關的另一個想法，是把朋友當做有力的奧援。培根附和亞里斯多德（*Nicomachean Ethics*, 8.1.1155a），並表明他承襲古人的觀點，指出「朋友是另一個自己」（p. 144）。有許多事是一個人無法獨自完成的，不論是生理上的限制（例如我們不可能在死後親自完成某項心願），或不該是自己做的（例如指出自己的優點），這時候朋友就派上用場了。

根據培根，友誼的另一個果實是「它讓我們想得更明白」（p.

142）。培根指出，這種果實呈現在兩方面。首先，爲了要釐清我們要和朋友說的問題，我們對該問題會掌握得比較清楚，結果就是使我們變得比較聰明，即使我們的朋友沒辦法給我們任何實質的建議，我們仍能獲得這樣的好處。在最好的情況下，我們的朋友能給我們道德上和一般實務性的意見（例如：如何作生意）。道德的忠告通常是無價的，因爲這些忠告從書裡讀不到，假如那忠告給得不適切，更可能會造成傷害。在這種情況下，朋友最能幫助我們避免道德的災難。培根的這個觀點，依循的是亞里斯多德的主張。亞氏高舉友誼具有提供道德指引的價值（*Nicomachean Ethics*, 9.12.1172a）。在實務層面上，朋友的建言通常也高度可靠，它們通常會著眼於我們的利益，不會岔題或失焦。這是因爲朋友可以近身理解我們的情況，會爲我們設想全面的狀況。在這種情況下，朋友的建議還有相對性的好處，來自親密友人的建議比起來自我們不熟識的專家建議更好；友人的建議可以避免「病是治好了，但人卻死了」的窘況。

更廣泛地說，友誼有讓事情改善的作用。例如：在職場上，一旦同事能從有些距離的相處轉變成爲朋友，職場的情況馬上就會不一樣了。和朋友共事，會給人帶來各式各樣工作上的滿足經驗，也會對所在的機構帶來許多好處。亞里斯多德在談及共同參與的活動（shared activities）時，就有如此的觀察（*Nicomachean Ethics*, 9.9.1169-1170b）。有些人會說，這樣的情況不見得對機構有利，因爲友誼的要求和工作的要求可能是衝突的。舉例來說，在學校裡，當老師在給學生分組時，就通常會考量學生的交友狀況，不讓朋友們在同一組。這是因爲把朋友分在同一組，會影響小組和別組同學的學習。這個時候，老師就不會在乎友誼的犧牲，而會看重學習效率的要求。但在之後，我會試著來說明，我們應該更努力地（這些努力也必須被看見）來兼顧友誼和工作績效的雙重要求。

友誼會以較間接委婉的方式來豐富人生。在人生悲慘的事情之中，好友的去世是其中之一。確實，有人會建議我們，應該讓自己投身在一些永

恆的事務上，例如眞理的追求，這樣可以在失去摯愛友人時免去痛苦。但有些人，例如西賽羅（Cicero, 106-43 B.C.E.）就聲稱，人生的豐富並不因朋友的逝去而減損。西賽羅（1971）說：

> 容我再闡述一個更困難的概念，即使一個朋友死了，他其實仍然活著。當他的朋友仍然看重他、紀念他，並緬懷他，這就表示即使他已死，但他仍然擁有幸福，他讓活著的人顯得尊貴。
> （Cicero, trans. 1971, p. 189）

在許多重要的面向上，與死去朋友的友誼其實連續著與他生前時的友誼。兩種先後發生的友誼當中，都有忠誠、對共享時光的回憶、在想像中分享對事情的感受和思考結果。年長者在緬懷過去時的愉悅（雖然這愉悅也不免摻雜著悲傷），多半是因爲重溫和死去老友相處時的生動經驗。

　　亞里斯多德也提到另一個友誼的好處（*Magna Moralia*, 2.15. 1213a）。有親密關係的朋友能提升我們的自我認識。亞里斯多德指出，我們很難跳脫偏見來評估自己的抱負和對事物投注心力的程度。但當看到好友身上反映出我們自己的態度和想望時，我們就能較爲冷靜地思考這些事。朋友甚至可能直接對我們的態度或生活方式提出建議，從而讓我們更認識自己。若這類建議出自陌生人或淺交者就會顯得不恰當，甚至不得體。

　　截至目前爲止，友誼之所以有價值的原因，都基於對友誼果實（這是培根的詞）的認知。例如：我們需要別人的援手、實質的幫助、明確的建言、自知之明的增進等。然而，試想一下，如果我們的理想是一個自給自足，僅靠自己所擁有的資源就可以生存下去的獨立生活。在這種情況下，有相互善意和善舉的朋友關係是否還對我們有用呢？關於這個問題，亞里斯多德給了答案。在我看來，在回答這類極度獨立且懷疑友誼價

值的人的質疑時，亞氏的答案會是唯一的答案。亞氏要求一個擁有許多美好事物但沒有朋友的人來反思，沒有朋友的人究竟會損失些什麼東西？在他討論這個問題的文字中，他多次強調不重視友誼是多麼奇怪的一件事。他說：

> 當我們把所有美好的事物都分派給幸福的人，但卻沒有讓他擁有朋友——朋友被認定是外在之善當中最美好的事——這是一件看起來多麼奇怪的事。一個被祝福庇佑的人若是一個孤獨的人，這當然也是件奇怪的事，因為沒有一個人會想要擁有各式美好的事物卻孤單一人……很明顯地，和自己的朋友及卓越之人共度時光，會比與陌生人及萍水相逢的人過日子要好得多。
> （*Nicomachean Ethics*, 9.9.1169b）

　　如果有人認為友誼沒價值，也沒有什麼壓倒式的論點能說服她是錯的，那麼我們只能從亞里斯多德的觀點來做訴求。這個訴求用文學作品來表達，比用哲學論證來說服會有效得多！我們只能呈現友誼在我們生命中的定位，突顯那些我們和朋友在一起時所展現的好處；或以負面的方式來說明，在一個孤獨的人生中，我們會失去什麼。我的如此觀察，只能大略地來說明，當哲學的力量消失時，我們就要依靠文學來支持。

　　以上的觀察對教育工作者有何啟發呢？家長和老師們難道會因為我們無法對友誼在生命中的定位提出有力論點，就減少對友誼的教導嗎？我認為是否定的。之所以如此的理由，在我和約翰·懷特（John White）強調教育當中共同活動有其重要性的文章中，已做了交代（J. White & White, 1986）。那麼，貶低友誼價值的論證基礎為何？我之前論及友誼有其副作用的事實，不應該被拿來貶抑友誼的價值，這是因為我們多數的價值都有其負面的作用，但我們不應該因此而忽略兒童在這些價值方面的培

養。相反地，我們應該致力於教導他們去面對諸多價值所可能引發的問題。唯有多數兒童都注定成為孤狼（loners）或立志成為尼采所謂的超人（Übermenschen）時，鼓勵其交朋友的氛圍才會傷害到他們。但在真實的世界中，我們可以應和亞里斯多德，友誼在大多數人生活中扮演著重要角色，在教育兒童長大過程中，假如不承認這一點的話，真的會是件奇怪的事。

友誼的培養（FOSTERING FRIENDSHIP）

做為教育工作者的老師和父母如何來促成友誼的建立呢？我在這裡所講的，不是老師在課堂裡都會鼓勵的友善（friendliness）或合作氣氛，而是人與人之間透過相互的善意和善舉建立起的友誼。根據馬拉瑪（Malamud, 1968）的說法，我們要的是牛排而非罐頭肉，「樂文（Levin）要的是友誼而不是友善的態度；他要的是牛排，但對方給的卻是罐頭肉。」（p. 111）

首先，也是最重要的，老師和家長們可以盡其所能來創造友誼可以萌發的條件。對幼童的父母而言，這意味著在孩子年紀還小時，給予他們足夠的機會去交朋友。也就是說，父母要看重孩子間的友誼，要幫助孩子信守對朋友的承諾，並向孩子指出及強化一些有助於友誼的行為舉止。例如跟孩子說：是的，這樣就對了，與你的朋友分享！孩子稍大之後，父母也應該表現出對孩子與朋友之間隱私的尊重。所謂友誼，很重要的就是有些事僅止於朋友之間，這些隱私起碼有象徵性的重要意義，表示朋友間的關聯更加緊密。朋友間常會說這樣的話：「我沒有告訴任何人，我只讓你知道……」；我們也會擔心，有些自己的事還沒告訴朋友之前就已公諸於世。我想進一步指出友誼當中隱私所扮演的角色，如果朋友之間的隱私有著如我之前所提的重要性，那麼父母親重視孩子與朋友之間的隱私就十分

重要，不論多麼委婉，都不應該要求孩子透露和朋友的談話或朋友來信的內容。

在營造友誼的條件中，學校可以扮演什麼樣的角色呢？首先，所有的教職人員都應該考慮在學校的特殊脈絡下，如何確保友誼有足夠發展的空間。在這樣的考量下，小學和高中會有不同的需求。但它們（乃至所有學校）之間的共同點，就在於要確保有友誼發展的空間，以便學校能不著痕跡地支持學生來發展友誼。畢竟，就像我之前所提的，朋友可以提供道德忠告，支持我們的行動，幫助我們自我的了解。也就是說，促進友誼會有助於學校其他目標的達成。

如果學校的目標是提倡友誼，視友誼為重要的人類價值之一，學校就必須避免去做某些事情。學校必須尊重學生間的友誼，學校的措施必須表現出對友誼的尊重。這表示，當老師想要拆散某些學生之間的友誼時，一定要審慎為之。多數情況下，老師應設法找到其他方式來解決問題，而不以拆散朋友的方式進行。當然，有些時候會有不得已的情況，例如：有兩個學生之間的友誼影響了自身和他人的學習，在試過了多種方法都不得要領時。假如學校要去拆散一對朋友，學校也應當表現出相當的遺憾，因為一個重要的價值在不得已的情況下被犧牲了，不管在什麼不得已的情況下，這都是極大的遺憾。學校在這麼做的時候，也絕對不應該有像將軍打敗敵人一樣的滿足感。

在卡森（Michael Carson, 1989）的小說《吸吮檸檬雪寶》（*Sucking Sherbert Lemons*）裡[9]，敘說見習修道人的導師諾維（Novvy）在課堂裡和他的學生討論修道會的《戒律書》（*The Rule Book of the Order*），

---

[9]　Michael Carson 是英國作家 Michael Wherly 的筆名，其成名著作為 Benson 三部曲，描述一位同性戀天主教徒的故事，《吸吮檸檬雪寶》是三部曲的第一部，此書名意指男同性戀之間的某種性行為。

他坦承實在不喜歡處理《戒律書》當中的一項規定，也就是特殊友誼（Particular Friendships）[10]，《戒律書》如此記載：

> 弟兄間的特殊友誼是不合宜的，因爲這將減損普世手足之愛的精神，這種普世之愛的精神才應該在所有修道會中普遍存在。（p. 115）

諾維解釋道，在修道會的世界裡，戒律的存在有其道理。特殊友誼會阻礙與基督合成一體的追求，也會奪走一位弟兄對所有其他弟兄的愛。假如我們排除掉因爲惡德和某些缺陷（那些惡德和缺陷對人有害無益）而形成的朋友關係，在非宗教團體的學校當中，我們實在不清楚有什麼理由要去限制或干涉所謂的特殊友誼。但是從一些傳聞中發生過的事件來看，有些老師會覺得有必要對學生中特別親近的朋友施加壓力，要他們「與其他人多一點相處」或「加入某個團體」。在道德上，和一、兩個人的緊密關係有其自身價值，如同布郎姆（Blum, 1980, p. 80）所指出，這樣的關係在某些時候或某種程度下，內含有人與人之間的同情、憐憫、對人的關懷和耐心等。只有當這樣的關係對他人有不利的情形產生時，在道德上才會變得可議。某些有緊密關係的情侶的確可能會產生這種情形，但這不表示所有親密的友誼都會產生這種狀況。但當這種情形產生時，學校就有表達不以爲然的立場，也可以採取行動去改變。學校不宜過早對道德上值得肯定的友誼採取猜疑的立場。

　　進一步了解老師對學生的親密關係所持態度也很有趣。舉例來說，是否有任何證據顯示老師普遍對學生之間的友誼感到擔心？如果是，爲什麼會有這樣的擔心？是否老師在某種程度上受到這類關係的威脅呢？是不是

---

[10] 在《吸吮檸檬雪寶》此書中，特殊友誼乃指同性戀。

有些老師在他的道德圖像中，特別看重道德的權利和義務，而小看了像友誼這樣的價值？若是如此，這或許解釋了爲什麼有些老師覺得在處理學生友誼造成的問題時，他們對花費好多時間在這些問題上覺得有罪惡感。

　　有時老師對友誼的反對並不是針對友誼本身，而是針對與友誼相關的其他事情。尊重且認眞看待學生的友誼，可能意味著老師需要重新評價說閒話（八卦，gossip）這件事。老師對於說閒話的女孩通常抱持嚴屬的態度（相較男孩而言，說閒話的女孩比較會引起老師的注意），即使她們是在休息時間裡道人長短是非。然而，說閒話就一定是道德上應當譴責的事嗎？要探討這個問題需要花一整章的篇幅，要能澄清說閒話這個概念就要花更多的工夫。在此，請容我提出理由來說明青少年說閒話不必然就是該譴責的事。說閒話這件事或許有其道德價值。薩賓納（Sabina）和席維爾（Silver）（1982）認爲，說閒話是「閒散地在某人背後評價他」（p. 92），視說閒話爲「自我澄清和公德行爲的訓練場合」（p. 106）。勃克（Sissela Bok, 1984）則詳細處理過說閒話的壞處，她把說閒話定義爲「針對不在現場的人——或即使在場，也對他視若無睹——所做的非正式人際間溝通。」（Bok, 1984, p. 91）但她也主張，如果對說閒話給予絕對譴責的話：

> 就不會讓我們注意到它超乎平常的多種形式……，會讓我們忽視它所指向的人類複雜性，也讓我們不會察覺到它在傳遞訊息上的作用，沒有那些訊息，任何團體和社會都無法運作。（p. 101）

說閒話可能在發展青少年精確的道德態度過程中扮演了重要角色，那發展的結果可以讓他們較清楚地掌握別人的行動和態度。

　　也有人認爲，老師應該以身作則與學生做朋友，以便來展示友誼在日常生活的重要性。如果我們在這裡討論的是友善的態度，這想法就沒問

題。基於公正不徇私（impartiality）的要求，通常我們會限制老師與學生建立深層和親密的關係（也就是本章要討論的主題）。就像醫生和律師在面對自己的病人或客戶時，如果牽涉到親密關係，就會製造倫理上的複雜問題。在職場上，老師也是如此。老師的情況，還要多一層的顧慮，那就是學生往往是不成熟的個體。舉例來說，如果數學課上，一個哭哭啼啼的 6 歲小孩，舉手說「我沒有朋友」，老師則回「你有啊，我是你的朋友啊！」然後小孩繼續問「那你下課時間會陪我玩嗎？」老師答「當然會啊！」這個真實的案例對我而言，完美詮釋了我們所期待教師會展現的智慧。我們期許老師在價值衝突時，可以適當地取捨，並根據脈絡情境來合宜回應。這個例子中的老師清楚自己的專業角色定位，而在這個案例的脈絡中，適時放棄專業角色來回應一位因為沒有朋友而感到傷心的孩子。如果是沒有相當洞察力的老師，可能就會回說「我相信你有朋友啊，我相信很多人想和你一起玩。」說完之後繼續上他的數學課，當他這樣做時，就會失去看重並強調友誼價值的回應機會。

到目前為止，我討論的重點放在學校消極作為的層面，也就是學校如何在倡導其他價值時，不要不經意地貶抑了友誼的價值。然而學校能積極做些什麼來讓學生明白友誼的價值，並鼓勵學生友誼的培養呢？當然，一定有人會質疑，學校是否適合採取積極作為來鼓勵友誼。他們可能聲稱，友誼是人與人之間自然生成的，每一個人（或說多數人）在與人相處時，都自然會相互吸引，因此也就會培養出友誼。然而，就像布郎姆（Blum, 1980）所指出的，友誼可能存在非常多不同的層面，像之前談到的凱特和蘇這一類型友誼，就須兩人長期的努力，克服困難，致力於彼此的關懷和友情的維護。這類的相互關懷，就很難自然發展出來，而這也就是學校能幫助學生去了解和珍惜友誼的重點。

學校可以在友誼的教導上採取何種積極作為？讓我在此試著提出一些建議。

　　一般而言，老師主動鼓吹學生去培養友誼，只會讓他們覺得老師是多管閒事的瞎攪和，招來的壞處會多過好處。若年幼兒童的老師想要依照我建議家長的方式，來促成學生之間的友誼，他們也許就會知道，自己應採取一個主動的角色。他們或許會試圖提醒學生當朋友應該盡的義務、幫助學生解決紛爭或安慰一位遭到朋友冷落的小孩。

　　至於青少年，教師該努力的不是去促成他們之間的友誼，因為這麼做往往會不恰當地介入學生的生活。老師該做的應是強化學生對於人類友誼複雜的了解。老師可以協助學生去探索兩方都認真投入的親密關係究竟是如何形成的，老師當然也可以考慮到友誼在各個層面的負面影響。比如說，價值間的互相衝突，以及某些關係可能阻礙雙方或其中一方的成長，在最糟的情況下，甚至會毀了他們。在這裡，文學作品和電影就扮演了重要角色。有時候，有關友誼的題材可能會不經意出現在文學課程的選讀小說裡，老師可以刻意從文學作品中摘出與友誼相關的議題，如奧斯汀的小說《愛瑪》（Emma）裡，個性堅定的愛瑪和老實的荷里特（Harriet）的友誼就值得討論[11]。

　　最後一個問題是：我們應該鼓勵年輕人覺察自己與他人友誼的狀況嗎？舉個大家都熟悉的例子。在某些情況下，對年輕人來說，至少擁有一位朋友（不會顯得自己沒朋友）是一件重要的事。交一位看起來像樣子的人做朋友，都強過沒有朋友。在這個例子中，友誼的目的顯然已不在於友誼本身，但這種友誼的目的（它不像是基於利益的友誼）與友誼本身的概念也有關係。有時，這樣的友誼關係會持續好一段時間，而沒有一般友誼常見的特點，因為這段關係中的雙方，都僅想保持自己有朋友這樣的形

---

[11] 愛瑪和荷里特在小說中經常散步，這樣的意境可以讓人聯想為陪伴者，然而隨者劇情安排，愛瑪和荷里特的友誼細膩且複雜，許多愛恨情仇糾葛在一起，我們可以從中討論許多友誼的面向，愛瑪最終散步的對象也有所昇華，值得讀者思索品味。

象。面對如此的情形，老師應該注意這樣的朋友關係嗎？

多數探討友誼的經典著作（如亞里斯多德、西賽羅和蒙田[12]的論述），都不認為女人之間或男女之間可能會有友誼，假如這些人物沒有低估女人的話，他們對友誼的看法都可以適用於這兩種關係之上。今天，在男女交友能力是否不同這個問題上，大家有不同的意見。在教育活動中，我們也應該來處理這個問題。

結論（CONCLUSION）

自尊、自重及勇敢這類的品性，確實為民主社群的維護所必需。此處沒有強調的公民手足情誼（fraternal feelings）也或許（甚至更明確地）與民主社群有關聯。但我認為，本章所強調的友誼，也是民主社會的特色。在這樣的社會中，友誼被視為具有內在價值而受到公開的肯定，甚至可能超越其他的價值，這是在極權社會中不會公開出現的立場。在極權社會中，一旦友誼與個人對黨或國家的忠誠有所衝突時，友誼就一定會被犧牲。張戎（Jung Chang）的《鴻：三代中國女人的故事》（*Wild Swans*, 1993）一書中描述的父親，就完美詮釋了這種專制主義的立場。對這個男人來說，共產黨的原則以及毛主席對那些原則的詮釋，永遠被放在第一位，全都凌駕他對妻子和家人無可置疑的愛。在這方面，這個男人做了毛澤東時代中國好公民都該做的事。相對地，民主社會能夠容忍某些人在進行了道德判斷之後，將友誼的價值置於政治義務之上（雖然他們如此的道德判斷，也不能完全擺脫疑慮與後悔）。或許這正是民主的指標。

---

[12] 蒙田（Michel de Montaigne, 1533-1592）是文藝復興時期法國文學家，以散文聞名，其著述有懷疑論的色彩。

第六章

信　任
（Trust）

　　在人類生活當中，信任（trust）無所不在。在這一點上，哲學的反思（Baier, 1986; Bok, 1978; Luhmann, 1979）與我們日常生活的觀察是一致的。我們生活中的勇敢、友誼、自尊及誠實都與信任有關，這是因為信任是任何人類生活方式的磐石。但在這章當中，我會嘗試論證，信任及因時制宜的不信任（distrust）在民主社會中都扮演著特殊的角色。

　　在複雜的人類社會中，信任普遍會以兩種方式出現。一種是對於體制或機構的信任（trust in institutions），比如說，我們相信我們使用的貨幣及政治制度的運作；另一種是人際間的信任（personal trust），比如說，朋友、情人及同事之間的信任。隨著信任而來的是不信任。與信任及不信任相關的問題有：什麼是信任？信任以何種方式與類似的概念，如期待（expectation）及盼望（hope），產生了聯結？對體制或機構的信任及人際間的信任假如有關係的話，它們的關係是以何種方式建立起來的？在對體制或機構的信任及人際間的信任之上，我們能區分理性的信任形式（rational form of trust）和病態的信任形式（pathological form of trust）

嗎？在一個民主、多元價值及多元文化的社會中，如何建立及維持對體制或機構的信任和對人的信任？我們一定要從一個負面的角度來看待不信任嗎？對體制或機構的不信任可以扮演一個正面的角色嗎？在促成對體制或機構的信任及不信任之上，教育可以擔負何種角色？教育能讓人變得值得信任（trustworthy）嗎？當我們與他人相處時，教育能讓我們有理性的能力來評估別人是否值得我們的信任？

上面一連串的問題看來頗為可觀。研究與信任有關議題的學者中，有些會從經濟和政治理論的觀點來探討對體制或機構的信任，有些則會專注於人際之間的信任，但很少人會同時關心這兩種不同的信任，遑論會把心力放在與教育有關的問題上。相較之下，我在這裡要同時處理這三類問題。我們對體制（機構）及對人的信任或不信任是學來的。基於此，我們可以說，學校提供了機會（不管師生是否意識到這一點），來培養學生對各種體制、機構或團體的信任及不信任；它們包括了學校本身、政治制度中的各個系統及社會中的各式團體。除此之外，學生也會在學校中學習到人際之間的信任和不信任。更甚者，學校有可能讓學生養成（對人、體制或機構）信任或猜疑的性格，或把學生形塑成自認為不值得信任的人。上述相互交錯影響的諸多學習過程，通通都發生在一個學校機構當中，它們不僅彼此重疊，也可能與家長的作為和態度交錯揉雜。總之，我們需要了解這些學習的過程，也要深入檢視如何積極培養學生同時具有信任和不信任的美德，如此方能促成健全的民主及多元文化的社會。

什麼是信任？（WHAT IS TRUST?）

貝爾（Annette Baier, 1986）告訴我們，在人類生活中，我們對人或對社會機構的信任雖然不可或缺，但不論在古典或當代哲學的論述中，對信任的討論卻都相對不足。柏拉圖在他的對話錄《共和國》（*The*

Republic）一書當中，就理所當然希望共和國中的公民要信任執政的哲學王。亞里斯多德在討論友誼時，也隱含了信任非常重要的認知。洛克（John Locke, 1632-1704）在討論政府正當性（legitimate government）的問題時，也賦予信任一個核心的角色。哲學經典中對信任的討論差不多也止於此了。但近來社會科學家和一些政治思想家也開始討論了信任這一議題，在他們討論合作時尤其如此。德國社會學家盧曼（Niklas Luhmann, 1979）在他的一本專書中，一開始就把最廣義的信任界定為對一己期望的信心（confidence in one's expectation）。甘貝塔（Diego Gambetta, 1998）是一本討論信任及合作專書的主編，他歸納書中大部分論文對信任這一概念的界定：

> 信任（或與之對立的不信任）是一個特定程度的主觀機率（subjective probability），一個行動者（an agent）以之評估其他行動者或他們所歸屬的團體是否會採行某一特定行動。這種評估或許會發生在行動者能觀測那行動之前（不論那行動者是否真的有能力去觀測那行動），或許會發生在那行動已然影響到自己的行動……。當我們說，我們信任某人或某人值得信任，我們其實是在說，那人會採行有利於我們或起碼不會損及我們的機率會非常高，高到我們可以考慮與他進行某種方式的合作。（p. 217）

上述那些定義強調，信任是對他人倚賴的一種形式（a form of reliance on other people），信任涉及我們對他人是否會採行某些行動（或會以什麼形式來採行）的信念。在如此的了解下，我們就能以之來說明經濟和政治行為的諸多面向（從這觀點的說明，或許格外受到賽局理論

因徒困境問題[1]的影響），而那政治和經濟行為，牽涉到的是人際之間或個人與機構之間自願形成的正式關係（formal voluntary relationships）。很可惜地，上述的定義無法讓我們具體了解親子、朋友和愛人之間的信任關係，而這些關係是我們日常生活中更常見的。在這些關係之中，信任涉及的是個人對他人善意的倚賴（Baier, 1986）。從落在信任這概念之下的諸多事例來看，我們似乎可以認定，信任是一種信念的形式（a form of belief）。當我們說你可以仰賴 X，我們表達的就是你可以相信 X。但信任也不僅止於相信 X 會發生（如相信某人會採取對我們有利的行動，或會對我們表達善意），信任還內含有風險（risk）的元素，也就是雖然有不確定性，我們仍然會去相信。因為如此，伴隨著不確定性的程度，我們對信任關係的知覺程度也會呈現一種連續的狀態。有時候，我們在仰賴一個人或一件事的時候，所涉及的風險會很小，小到不會讓我們察覺到的程度。例如：當我每天早上搭公車時，就表示我事實上信任公車司機的能力，在一般情況下，我不會在搭公車時提心吊膽，或擔心是否會毫髮無傷地到達目的地。在公車上，我坐定後的閱報行為，就反映了我對公車司機的信任。讓我們再設想另一個相反的例子。假如一個惡名昭彰、容易出事的人要我搭他的便車，在知情的情況下我也接受了他的邀請。這個時候，我很清楚地意識到我所冒的風險，但即使如此，我還是決定去信任他。此時我的行為就可能會反映出我對他的信任程度。比如說，我會緊緊抓住座椅，不安地探望車旁的後視鏡等。假如我在沒有什麼選擇餘地的情況下搭了那人的便車，我也就只能盼望沒事會發生，因為我不會對他有信

---

[1] Merrill Flood 和 Melvin Dresher 在他們的博弈論中提出囚徒困境一概念。他們以囚犯的認罪協議來說明，當囚犯做出利己的決定，所得的結果可能反而比信任同為囚犯的友伴來得更少，這個理論提供了一個如何在合作與競爭間權衡的客觀角度，也是決策中常利用的工具。囚徒困境的簡單介紹請參閱 https://www.eisland.com.tw/Main.php?stat=a_pggZeHx&mid=41

任感。

在信任關係當中，當事人對這關係的情感或投入程度也會呈現不等的連續狀況。當事者完全信任對方的善意是這連續狀況當中的一個極端。在這種信任關係中，我們情感投入的程度會非常深刻，這種強烈的信任關係通常發生在愛人和老友之間，但有些人對政治領袖和皇室成員也會表現出如此的信任態度。當人際關係破裂的時候，我們會因爲與對方有不同程度的信任關係而會有不同的反應。在我們與對方的關係不是那麼緊密的情況下，當對方的表現不如我們的預期，我們會覺得失望；但當我們絕對信任對方的善意，對方卻待我們以惡意與冷漠，我們就會有被辜負或受到背叛的感覺。

根據以上的說明，信任指的是我們可以信賴某人或某物的信念。比如說，我們可以信賴某些人的想法、品性、動機和善意，或我們可以信賴某項設備的效率。而在這信任關係當中，當事者總要冒著程度不等的風險。我們不一定會知覺到我們與他人之間的信任關係；在諸多信任關係中，當事者也有程度不等的心力投入。在此，我主要關心的是人與人之間的信任關係，也就是對別人善意的信賴，但我也會觸及到其他種類的信任。

人際間的信任（PERSONAL TRUST）

我現在要深入地探討信任關係。我首先要處理人際間的信任，在下一節中，我會交代對體制或機構的信任，由此我們可以看到兩種信任之間的異同。

就信任意味著對他人善意的信賴而言，信任是一種態度，這種態度沒有明確的開始，它的發展緩慢漸進，有可能不會公開挑明。更甚者，在信任關係中，有人可能不會察覺他對別人善意的信賴；而被信賴的人，

可能也不會承認別人對他的信賴。換言之，有些信任是一種內隱式的信任（implicit trust）、不是刻意想要形成的信任（unwanted trust）、被信任者沒有察覺到的信任（trust of which the trusted is unaware）。

　　信任關係可以很輕易地被破壞，而之後的修復並不容易。大文學家喬伊斯（James Joyce, 1882-1941）[2]與妻子芭娜可（Nora Barnacle）之間的關係可以說明這一點。在 1909 年，喬伊斯從德瑞艾斯塔（Trieste）[3]回到都柏林。在那裡，喬伊斯之前的朋友克斯格里（Vincent Cosgrave）告訴他，五年前喬伊斯在追求芭娜可的時候，每當喬伊斯沒有跟芭娜可在一起的晚上，他自己就會和芭娜可約會。克斯格里的這番話，最後被證明是他惡意的欺騙，但當時喬伊斯相信了這謊言。我們於是看到了，相信謊言的喬伊斯從都柏林寫給還在德瑞艾斯塔的芭娜可的信，這信呈現了兩人關係的劇烈改變。謊言使得喬伊斯對芭娜可的感情產生了變化，即使兩人共處了五年快樂時光，喬伊斯還是忍不住對他們之間的關係有了一個新的觀感（Ellmann, 1975）。這故事正反映了盧曼（1979）的觀察，他說：

> 一個謊言就能完全毀滅人與人之間的信任。透過它們具有的象徵價值，小小的錯誤和誤信就會有很大的力道，它們會揭露某些人或某些東西的「真面目」。（p. 28）

　　被騙的人很可能會產生怨憎、失望及猜忌。在知道被騙之後，他們回顧過往與說謊者交往時的想法及做法，就會了解他們是被人操縱了。他們會知道，即使當時他們獲得了最充分的訊息，也不可能做出好的選擇。他們會覺得受到了不當的對待，對建立新的人際關係因此會覺得裹足不

---

[2]　James Joyce 是愛爾蘭作家，被公認為二十世紀最偉大的文學家之一。

[3]　這是一個位居義大利北方的城鎮。

前。在維護及修補信任關係這一問題上，貝爾（1986）及盧曼（1979）對於如何建立起一套正向的態度有很細膩的處理。比如說，他們會強調自信、策略、細心評估我們該去信任誰、周全判斷該在哪些事情上去信任誰、願意認錯及願意原諒他人的過錯等。在一個支持信任關係的社會氛圍中，這些能力或態度會比較容易學到，也比較能付諸行動。

我們有沒有可能太容易相信別人？有沒有病態式的信任關係？從某個意義來說，這些問題的答案似乎是肯定的。有些人對別人的信任是盲目的，即使是證據確鑿、證明了他們所信任的人其實並不關心他們，甚至對他們還懷有惡意，但他們對那些人的信任仍不改變。如此盲信的人，經常會被批評是自願處於被人操縱的地步。比如說，有個妻子從先生公司裡的主管得知公司已裁撤外銷部門後，仍然持續相信先生的藉口，說為了要讓外銷訂單準時送出，他必須在公司晚上加班，或說公司老闆突然在週末召開會議來討論外銷策略等。像這樣盲目信任的妻子，就會被人認為是咎由自取，這樣的信任也會被認為是一種道德上的缺陷，取而代之的應是一種謹慎而受到調控的信任。可以說，理性的信任應該立基於「我們有紮實的理由去相信我們信任的人對我們的確有善意」，或「我們相信的人沒有理由對我們懷有惡意或完全的不關心我們」。但從上述妻子的觀點來看，即使自己先生不值得信任的想法都會是錯的。那妻子完全投入她與先生之間的關係，完全不加懷疑，但這也會是破壞那關係的因子。

當然，在人際關係當中，對於他人的戒心也有可能走火入魔。盧曼（1979）就曾勾勒過一幅不可思議，但卻可能真實存在的生活圖像。在這圖像中，對人的不信任成了一種習慣，一種日常生活的慣性。一個慣性不信任別人的某甲，把家庭成員及工作同事當做可能的敵人，他因此會想盡一切辦法來保護自己，避免潛在敵人的傷害。他總是需要許多訊息，同時會設法過濾這些訊息，以確定哪些值得信賴。在作家辛格（Isaac Bashevis Singer, 1990）出版的一篇文章〈門上的覘孔〉（"A Peephole in the Gate"）當中，主人翁山姆（Sam）被一群女人騙過之後（他自己也騙過許多人），下了一個結論：

> 我所有的想法都導向一個方向：沒有什麼愛，沒有什麼忠誠，
> 與你親近的人會背叛你，背叛的速度比全然陌生的人還快。
> （Singer, 1990, p. 114）

同時，不信任別人的人一定會被察覺。不被信任的人通常不會認為自己有什麼問題才不被人信任；相反地，他會對不信任他的人採取負面的態度和做法。如此這般地，對人的不信任就會越演越烈，終而會讓慣於不信任他人的人成為非常寂寞的人。就正如小說家艾略特（George Eliot, 1819-1880）[4]所說的，「由不信任所帶來的寂寞，難道不是寂寞之最者？」[5]由此我們可以說，不管是人際關係或社群生活中，都須想辦法避免不信任的侵蝕。之前提過，貝爾及盧曼對於信任關係的修復議題有很細膩的處理，在下一節中我要借用他們的研究成果，來思考在社群生活中如何來修復信任關係的策略。而在最後一節中，我還會更廣泛地來討論這些議題。

對體制或機構的信任（TRUST IN INSTITUTIONS）

多元價值民主體制的延續不能只仰賴人際之間的信任關係，這樣的體制還需要立基於對社會的信任（social trust）。所謂在民主脈絡中的社會信任，是指社會中的公民需要普遍相信社會體系的作用在於促進所有社會成員的福祉。以人際之間的信任來做類比，民主社會中的公民需要相

---

[4]　George Eliot 是女作家 Mary Ann Evans 的筆名。英國的文學家，是維多利亞時期最出名的作家之一。

[5]　或可譯為：還有什麼由不信任所造成的寂寞更讓人寂寞？

信，其所在社會中的各種機構對於所有社會成員都持有善意，假如我們看到與容忍有關的價值和對社會的信任之間的連結，這一點就會很清楚了。在一個多元價值和多元文化的社會中，不管對各式價值和文化採取何種容忍的形式，信任都絕不可少。例如：我們所在的社會在面對不同價值觀的個人和團體時，不管是採寬容不管的立場（即使他們之間有對峙的情形），或採積極讓他們都能蓬勃發展的態度，都需要社會成員去相信社會中的體制或機構是可靠、值得信任的。比如說，社會信任的必要條件是公民沒有視社會在結構上是不公平的（Dunn, 1988）。更具體地說，他們需要相信社會中的法律、經濟、政治規則及程序是公平的，而它們的運作也是公平的。由此我們可以說，不管在什麼狀況下，公民需要相信，當社會系統出了差錯，社會中會有恰當的程序及政治意志來迅速糾正這些差錯。但這也不是說，公民必須相信每一個公部門的官員，都會把公民個人的福祉和社會整體的福祉放在心上。在這一點上，我們只要希望大部分的官員會這麼做就可以了。但公民至少一定要相信，社會體制或機構的整體運作一定緊扣著社會成員福祉的促進。設想一個社會當中，雖然公部門的一些官員沒有把大眾福祉放在心上，而只想到每月按時領薪水，但假如這社會仍然能夠照顧到每一個成員的福祉，這樣的社會就有其正面的價值。

約略言之，就像是對公平及其他民主價值的肯定一樣，假如信任感要普遍的話，公民必須還要有另外一種廣泛的態度，那就是我之前在第二章提過的對社會的信心（social confidence），我的這個提法來自於威廉斯（Bernard Williams, 1985）。若一個社會有對社會的信心，那麼社會成員就要能認知到這個社會中的主要價值（雖然他們不必然地能意識到自己有這個認知），而且要肯定這些價值的重要（雖然他們也不必然要想到這些價值），並能明白或暗地增強彼此對這些價值的認知和肯定。對社會的信心和對社會的信任是彼此互為支持的社會價值。

對社會的信任，最強也最好的時候，是大家都不去注意它的時刻。假

如它變成了公共爭議的主題，就表示它需要修復。普遍的社會信任對社會生活及機構運作會有正面的激勵效果，在社會體制或機構的運作中，它可以讓各種的想法和創意成為可能。在信任的氛圍下，我們比較容易去嘗試新的工作模式或提出變革的建議等。這是因為我們知道，即使我們的想法在落實上不盡理想，我們的同事也會認定我們的作為原來是出於善意。

那麼我們要如何養成對社會的信任呢？如此信任的形成，當然不是透過對社會成員的要求而來。在民主體制中的政治人物若跟大家說：相信我！面對這樣的政治人物，我們應該對他要有特別的戒心才對。到了二十世紀末期，我們已經了然於心，假如我們對政治領袖（即使是我們選出來的領袖）寄予一種類似於人際間的信任（quasi-personal trust），這將會是一件很危險的事。對有權勢的政治領袖及其所掌握的系統給與像孩子般的信任，到最後都往往會以災難收場。

在民主社會，我們如何讓社會成員對民主的機構有恰如其分的社會信任？在對民主體制的最佳落實有一定程度的了解之下，盧曼（1979）提出了一個具有啟示性的答案。他說：「對整體系統的信任，其基礎是在關鍵之處要能果斷地以不信任來取代信任。」（p. 92）

除了盧曼之外，其他學者（Dunn, 1998; Shklar, 1984）也曾指出，一套致力於促進全體公民福祉的政治體系，一定要有設計良好的機制，而在這良好的機制當中，會內建有不信任的防火牆。比如說，一個運作有年的良好民主體制，必然會有與執政者抗衡的合法反對勢力、獨立的司法系統、自由的媒體、獨立的調查委員會來調查公眾關心的議題，及對政府作為有高度警戒的社會大眾（他們不會只注意政府的宣傳）。諸如此類不信任的設計，會讓人去質疑政府的政策是否真的會促進個人、團體或社會大眾的福祉。這種質疑會透過兩種不信任的方式來進行，這不信任或者針對個人或者針對社會系統。第一種不信任的設計可名之為基本的不信任（fundamental distrust），這種不信任若針對特定的人，質疑的就會是

他的善意，若是針對社會系統，質疑的重點就會是那系統的基本目標或目的。第二種的不信任可名之為程序上的不信任（procedural distrust），這種不信任並非針對特定人的善意，而是針對那特定人的能力和個人特質，如果這種不信任的對象是社會系統，那麼它針對的不是系統的目標或目的，而是系統在運作過程中的方法和程序。由此看來，在信任與不信任之間，我們需要尋求一個巧妙的平衡。而在這方面，對機構系統的信任與人際間的信任，有很大的不同。在人際間的信任關係上，個人之間的信任會帶起良性循環，一旦有蛛絲馬跡的不信任，個人間的信任關係就很可能會被破壞。友誼之間容不下絲毫的不信任。

對機構或系統的不信任也不是全然沒有問題。基本的不信任有強大破壞的力量，一個系統在沒有基本的不信任的情況下，可能可以容許大量程序上的不信任。在這一點上，盧曼（1979）指出，在要求（或無法避免）社會成員表現不信任行為的社會系統中，社會系統也必須防堵不信任成為主導的力量。這是因為除非我們能嚴格管控不信任，否則這不信任的力量會變質而威脅到其他重要體制或機構的價值。一種經常被拿來處理類似不信任行為的方法，是去說明我們不信任的作為不是針對特定當事人而發，而是基於我們所扮演的角色。如此一來，我們一方面可表現出不信任的行為，但另一方面又可維護社會成員之間的信任氣氛。比如說，社區商店中的店員在收到老顧客的支票時，會要求顧客出示身分證明；但在同時，店員會禮貌地向老顧客解釋，雖然他認識老顧客，可是公司的規定要求他一定要這麼做。店員如此的說明就是在表明，他個人對顧客的要求，不管在基本的不信任和程序上的不信任上，都沒有什麼問題。但用類似的方法試著來維護對體制或機構的信任就可能沒有用，因為如此的辯解也許不會被接受，如此的辯解也不讓人愉快。比如說，在我們的社會中，女人、特定族群的成員、年輕人或老年人，就經常會碰到各種對他們不信任的表達。例如他們會聽到下列的說詞：我們在放款時總是

要知道客戶配偶的職業、我們總是要求先付訂金、我們總是要求駕駛人證明。碰到類似情況時，這些人會正確地察覺到，他們被歸屬於「在程序上不被信任」甚至「在基本上不被信任」的族群。透過上述的說明，我們可以知道，「對體制或機構的信任與不信任之間的關係」及「對不信任的控制總還是立基於信任」。我們一定要信任「那些不信任的機制」（亦即對政府及其他機構進行監督及糾察的機制）及「那些不信任的機制的掌控方式」。

　　依據上述，信任是我們親密的人際關係及社會生活的基礎。有學者（Dunn, 1988; Luhmann, 1979）認為，信任是一種處理他人自由的機制[6]。沒有信任，我們可以依靠的就只是盼望（hope）了，但選擇去信任也不是一件容易的事。盧曼（1979, p. 24）就曾說，信任總是「一個賭博、一個有風險的投資」。我們也可以去想像一個沒有信任的社會，這個社會充滿了詭譎、背叛和謊言欺騙，一個人最理性的態度，就是對如此世界的猜忌和不信任。就如甘貝塔（Gambetta, 1988）所說：

> 假如凡事不信任，我們就只能讓許多事情的發展變得嚴峻、令人痛苦，甚至淪為不道德的地步，而這些種種都會讓人難以消受。（p. 235）

　　即便我們可以被說服應該對信任下注，但我們要怎麼下注呢？我們可以怎麼來推廣對體制或機構及人際間的信任呢？在下一節中，我會嘗試提供一些我的看法。我看法的出發點是信任一定是學來的。

---

[6]　此處的中文翻譯可能令人費解，或可理解為：在他人有自由的前提下，信任是一種我們與他人相處的方式。英文原文為：[Trust] is often called a device for dealing with the freedom of others.

信任：學校的角色（TRUST: THE ROLE OF THE SCHOOL）

　　若一個社會有一定程度的社會信任，尚未入學的兒童就會與關心他們的人形成信任關係（參見 Spiecker, 1990）。學校在多元價值及多元文化社會中，因此承擔了下列重要的工作。一、學校要在學校氛圍中具體展現社會信任；二、學校要讓學生了解什麼是民主社會中的社會信任及社會不信任；三、學校要鼓勵學生把他們的了解運用在社會及自己的學校中；四、學校要培養及維護能促成學校成員之間互信的諸多條件，也要讓成員了解人際關係間的信任。所有的學校機構（從幼兒園到大學），都要致力於營造能產生社會信任及人際間信任的條件，越是高階的教育，就越是要把焦點放在讓學生了解什麼是信任，也越是要讓他們能將此了解運用於社會生活及學校生活之中。對於學校而言，這不是輕鬆的工作。學校尤其要注意，不能讓學生的不信任脫離常軌，一旦這種情形產生，就會帶來破壞性的結果。

社會信任及學校風氣（Social Trust and School Ethos）

　　先讓我們檢視在學校風氣脈絡當中的社會信任。在初階的教育中，學校對學生的作用會特別大。這是因為學生在小學裡第一次成為機構的成員，這也是他們第一次接觸到社會信任及社會不信任的場合。此時，學校要做的第一件事，就是要表現出對學生的信任。這種表現不只是原則性的，還須外顯化。在學校運作的過程中，學校要盡可能向學生釋放出下列的訊息：我們信任你，我們對你有信心，相信你會對學校表現出善意。英國的小學在這方面做得很好，它們會讓個別的兒童和兒童團體，在各個社會生活層面中為自己的行為負起責任。小學的成功，使得兒童進入中學後，反而對中學產生了怨憎，這是因為當他們進入中學時，發現學校把他們當成小孩子，處處監視他們，表現出對他們的不信任。

　　基於上述，學校在培養及維持社會信任時，要注意的是不要讓學校自己釋放出負面的訊息。學校要避免不自覺地傳遞下列印象：我們不信任學生，或更糟糕地，我們不信任某些學生。學校老師在此會面臨到某些兩難的局面。在一方面，之前已提過，爲了讓自己值得信任，任何機構在運作的過程中，都會設計有不信任的機制在其中。就以學校而言，學校會有機制去檢核學生是否出席，而這樣的設計就有可能被學生誤解爲不信任學生。在另一方面，學校除了要培養和維護學生對學校的信任之外，學校還有其他的任務。例如：學校要促進學生在知識上的成長，而爲了要達成這目的，學校勢必會設計一些檢核的方法，這樣的設計也有可能會讓學生以爲學校不信任他們。再者，老師也許會認爲，爲了確定學生在知識上的進步，他們就須督導學生的學習，因此會要求家長在學生的家庭作業簿上簽字，這麼一來，學生也許就會覺得他們不被信任了。老師在此碰到的問題是：那要求家長爲學生家庭作業背書的做法，似乎是有效提升學生學業表現的措施，但那做法卻又會讓學生覺得不受到學校的信任。

　　在某些情況下，學校對學生所展現的不信任是有意的。學校教育工作者也許會認爲他們有很好的理由不相信某些學生。在此須留意一點。學校教育工作者所不信任的學生，一定是個別的學生。他們不可能有好的理由對整個學生團體成員（如隸屬某一少數族裔的學生）不分青紅皂白地表現出不信任，學校教育工作者怎麼知道隸屬於某一團體中的每一個學生不值得信任？假如他們知道，那就表示這種不信任是基於對於個別學生的不信任。假如有學生感覺他們是因爲隸屬於某一團體的緣故而不被信任，那麼他們就可以理直氣壯地抗議，大聲說出他們是偏見的犧牲者。

　　我們可以把學校教育工作者不信任的學生歸納爲三類。他們分別是：罪犯（criminals）、恐怖分子（terrorists）和局外人（outsiders）。所謂的罪犯，是指那些大體接受學校規範及學校所肯定價值的學生，雖然如此，這樣的學生還是會持續觸犯學校的規範，也不會尊重學校所肯定的價

值，因為如此，這些學生就會經常受到學校的懲罰。學校中被視為恐怖分子的學生其實很少，這些學生不會接受學校及社會中所看重的價值，他們會經常破壞學校規範，也會攻擊學校的成員。那些局外人呢？那些身處局外的學生，也許來自於少數族裔團體，他們不接受學校的主要價值及運作精神（ethos），他們之所以來上學，所圖就是學校能幫助他們取得考試資格，這些局外人不會製造麻煩，但他們接受的價值觀及態度，會與學校所肯定及彰顯的大異其趣。面對上述那些學生，老師一定不能信任那些恐怖分子，而且要明確地表現出，因為這樣才是力挺學校所肯定價值與精神的做法。在某些情況下，老師有很好的理由不去信任被視為罪犯的學生（這種不信任通常會是程序上的不信任），但在學校中也應該要有管道讓如此的學生重新獲得老師的信任；假如可能的話，甚至那些被視為恐怖分子的學生也應該要有這樣的管道，這一點我等一下會多說一些。至於學校教育工作者是不是應該對被視為局外人的學生表示猜忌？這一點我們其實還不清楚，但在現實生活中，學校老師有時對這樣的學生的確不是很信任。在此，我們似乎可以看出，我們對局外人的不寬容，會導致對他們基本上的不信任，這種不信任具有傷害性，也會越來越深。比較恰當的做法，是去試著建立對話的機制，以便我們能對局外人所採取的價值有一定程度的了解。只有如此，他們的茁壯成長，才能成為多元價值民主社會中的學校可以去追求的目標。

　　在面對不被信任的個人時，我們要想辦法讓他們重新獲得信任。在不同的情況下，我們可以找到不同的辦法。我們或許可以讓當事的孩子及其友伴知道：一、二次的錯誤，並不會讓一個人變成一個不值得信任的人；而要成為一個值得信任的人，重要因素之一就是要把自己看做是一個可以信任的人，而不是一個骨子裡就是一個不讓人信任的人。假如盧曼（1979）對懲罰、悔過及饒恕有其重要性的主張是對的話，也許學校可以考慮用一種半正式的方法，來讓當事的學生重新建立起他們可以被學校

成員信任的狀態。在面對年輕的學生時，類似的方法尤其值得考慮。透過這種方法，可以來表示往者已矣，而後我們就沒有正當的理由來懷疑那些學生了。

　　這一章並不能針對上述問題提出具體的解決之道，但我希望指出，學校老師若要能明智敏銳地處理那些與信任有關的常態性問題，他們就必須對社會信任的議題有相當的了解。但我們可以說，個別老師對這些議題的了解也還不夠。學校做為一個機構，須利用它所具有的資源來促成學生對社會機制的信任（或將不信任限制在一個合理的範圍）。學校的作為與個別老師的努力乃相輔相成，這一點我在第二章討論對社會的信心（social confidence）時已經提到。在具體彰顯民主價值及培養學生對社會機制的信任這件事上，學校教職員工（不僅僅只是老師而已）需要參與討論及制定學校的整體政策，在適當的時間點上，學校的管理階層、家長，甚至學生都應該加入政策制定的過程。討論的重點應有幾項。一是如何透過政策，來營造一個信任可以被視為理所當然的社會氛圍；二是如何運用政策，來解決或認清之前所提到的問題，也就是說，對社會機制的信任和對社會機制的不信任之間所產生的衝突和緊張關係。

了解民主社會中的社會信任及不信任
（Understanding Social Trust and Distrust in a Democratic Society）

　　在一個信任感受到威脅的多元社會中，假如老師和學校的其他工作人員想要去促成、維持，甚至修復學校中的信任氛圍，他們就需要對社會信任有所了解。學生呢？在民主體制中，學生所受的政治教育內容，也應包括對社會信任和不信任所扮演角色的了解。學生做為學校機構的成員一定會有他們的親身體驗，立基於這樣的經驗，他們所受的政治教育也許在他們學校教育的最後階段中，會讓他們反思到信任及不信任在民主體制中的作用。在信任與不信任的議題上，讓我在此列舉一些政治教育中可以有

的主題。主要的焦點應該是政治系統中的信任基礎。我們為什麼要信任民主體制？根據什麼標準我們可以去信任某一政黨或某一政治人物？對政黨和政治人物的信任，與我們在人際關係當中的信任（也就是來自日常生活中，與人面對面相處當中的信任）有何不同？在權力不對等關係當中的信任的本質為何？這些議題都涉及到民主體制當中「不信任扮演何種角色」的討論。政治教育當中的一個重要問題是：我們如何去鼓勵學生對政治人物及他們的主張採取一種健康的懷疑態度，但這種懷疑卻又不至於讓學生養成一種冷漠的犬儒心態（apathetic cynicism）？也許真正重要的是去鼓勵學生養成一種務實期望（realistic expectations）的態度。盧曼（1979）曾提到一項心理學研究，研究結果告訴我們，假如我們把某種失望安置在期望當中，而當我們真的碰到一個讓人失望的特例，那整體的期望也都不至於動搖。比如說，我們在碰到一些不好的警察時，我們會說，的確是有些不好的警察，但大部分的警察還是奉公守法的。再者，在政治教育中，同樣重要的是鼓勵學生去了解信任與不信任有其不同的對象，而這些對象在政治活動中有什麼樣的關係？我們可以判斷一個政治人物是否懷有善意，也可去判斷他的能力和在某些事情上的動機。在這裡，我不打算來說明「在政治教育中我們應該在哪裡或以何種方式來交代信任及不信任所扮演的角色」，我只要點出，我們需要來了解這些觀念。

信任和不信任的觀念應用在對社會和學校的看待上
（Application of Notions of Trust and Distrust to Society and School）

在進行有關信任和不信任的教育時，有一項重要但要小心處理的問題，那就是：如何將信任和不信任的觀念應用在對社會和學校的看待之上？這個問題會牽涉到人生當中的一些險境。對老師而言很重要的一件事，是老師應試著防堵一些盲點（blinders）對我們可能造成的傷害。在我們對一些古怪的人、事、物保持戒心的時候，我們卻會不加思考地對一些應該去質疑的對象有著強烈的信任。我有一個朋友告訴我，他的師長成

功地讓他不信任邀他搭便車的陌生人，但他們從來就沒有讓他把那戒心擴展到對政府的不信任。一個很好但無法實現的建議是：也許我們應該鼓勵學生對他們心中的偶像保持某種的不信任！假如我們依此建議，我們對學生的鼓勵就應該小心爲之，要避免他們走上虛無主義，也就是說，讓學生覺得這世上沒有什麼有價值的東西。

　　更進一步言，在一個民主社會中，學生可以在適當時機，對做爲一個機構的學校理所當然表達他們的不信任。在之前，我已論證過，如此的不信任是民主當中主要的防護機制，我們沒有理由把學校排除在這種機制之外。但假如學生對學校的不信任，不僅是嚴重地程序上的不信任，更是基本的不信任，那麼如此的不信任將會癱瘓學校在各方面的努力。學校是一個具有敏銳反應力的民主機構典範（a model of a responsive democratic institution），因此應該迅速察覺並回應學生對學校不信任的訊息。更具體地說，學校應該以正式或非正式的方法，對學生的懷疑採取一種開放態度，並會嚴肅地來考量他們的觀點。假如一個學校有很強烈的社會信任氛圍，這樣的作爲就有可能。

在學生中培養人際間的信任
（Fostering Personal Trust Among Students）

　　在促成學生之間的信任關係上，學校能做些什麼？學校固然不能採取積極的措施來培養學生對機構的信任，在培養學生之間的信任關係上，學校尤其不能如此。但學校可以對如此的信任關係提供有力的支持。學校可以創造有利的空間來讓學生形成信任關係，敏銳的老師可以營造學生間的信任關係，老師可以在學生面臨人際間信任關係破裂之時（也就是個人間的不信任、猜忌和背叛），出手來協助他們。在這方面，學校也可扮演支持性的角色。本書前一章的主題是友誼，我提到學校在學生之間友誼的營造上，應扮演輔助性的角色。而由於友誼當中牽涉到信任，所以學校在個人間的信任關係上，當然也應扮演同樣的角色。

　　在多元價值和多元文化社會中，國民學校提供一個公共平臺是很重要的事。不同族群的學生可以在避免極端偏見的環境中，透過那平臺來營造人際間的關係。（在我看來，這也是反對為不同族裔或不同宗教設置專屬學校的有力論證。）人際關係當中的信任營造，原本就是一個緩慢和不確定的過程，在這過程中，關係營造中的當事者都會小心測試那信任的底線。假如信任關係中的雙方都有相當程度的自信，信任關係的建立就比較容易成功；有自信的人比較不容易為小挫敗而卻步，也會承認自己的錯誤和原諒對方的錯誤。老師的敏銳在學生信任關係的形成過程中，會有莫大的助益。他可以運用「他對信任關係形成及維持過程中會發生的困難的觀察」來協助學生。他也可採用不突兀的方式，讓學生對人際關係有較務實的期望、採取較佳的策略、了解自己為什麼受到別人的信任，及把別人對自己的背叛（雖然當下有深深的懊惱）淡化為一個單一的錯誤。很多老師，尤其是教低年級的老師，會花許多時間來協助孩子營造人際關係，而當某些學生的人際關係不佳時，也會花費心力去協助他們修復和重建這些關係。似乎有些老師在後來會覺得，不應該在這種事上耗費太多時間。老師們可以不要有這種感覺，因為人際關係的營造和維持是最根本重要的事！

　　在協助學生了解什麼是社會信任及人際間的信任之上，老師最好以非正式的方式來讓學生了解人際間的信任關係，這樣的方式也許會比較有效。除了對哲學有興趣的學生之外，和其他學生正式討論信任的基本性質會有意義嗎？針對信任基本性質的討論，會發生在學生閱讀和了解許多文學作品及電影的過程中（比如說，莎士比亞的《奧泰羅》，*Othello*）。在那樣的時機中，老師可以試圖協助學生，讓他們了解忠誠和背叛之間的衝突問題。我們不要把那時機僅僅看做是學生獲得即時救援的時刻（如此，老師就像修車師傅一樣及時伸出援手），更是要把它視之為難得的機會，因為在那樣的機會教育中，學生可以對他們人生當中的重要人際關係產生深刻的了解。

第七章

誠　實
（Honesty）

　　鼓勵孩子誠實似乎是老師理所當然的職責。的確，當老師在教導閱讀、地理、幾何或任何其他學科知識時，都勢必會讓孩子知道，說謊、偷竊、欺騙（作弊），或做出任何自己不想兌現的承諾都是錯的。即使山門學會（The Hillgate Group）[1]（Cox et al., 1986）主張學校的首要任務在促成學生學科知識的習得，也將誠實列為學校必教的五種價值觀之一。這學會並未進一步解釋誠實的教導需要包括哪些內容。看來這學會成員認為，教導孩子誠實，只需老師（道德成熟之人）憑直覺而進行，並不須思考要教些什麼。我認為，就算在最簡單明白的價值教學中，都不應該憑直覺來進行。進一步地說，如果要讓孩子對道德生活有敏銳的理解，老師勢必要從個人層次與集體層次兩方面，仔細思考與探索那些看來簡單明瞭的價值。不如此，民主的公民教育就不算完整。

---

[1]　山門學會是由英國一群支持右派自由主義的知識分子在 1980 年代所組成。1986 及 1987 年出版了兩份改革英國教育的建議書，其中許多建議受到當時保守黨政府的採納。

簡單明瞭的案例：偷竊與說謊
（THE STRAIGHTFORWARD CASES: STEALING AND LYING）

　　說謊、偷竊、欺騙（作弊），或做假承諾等行為，會對老師構成什麼問題呢？首先，這些行為雖然類似，但它們的基本性質並不相同。偷竊是一個人不正當取得了他沒有權利擁有的財產；說謊、欺騙（作弊）和做假承諾，則大略可以視之為刻意營造一種自己想要去相信的假象。在這樣的認識下，誠實也起碼有兩個相應的層面：財產方面的正當性，以及話語的真實性（也就是說話的人所具有的美德）。其實，如此現成的歸納有失之過簡的嫌疑。因為我們很容易可以想到，在話語真實性的層面上，有人可以利用謊言來侵奪原來屬於他人的東西，口語詆毀或書面毀謗就可說是侵奪原來屬於他人聲譽的謊言（個人的聲譽也是一種財產）。學生抄襲別人的作品，把別人的東西據為己有，是老師經常會碰到與欺騙有關的實例。老師如何向孩子去說明欺騙是錯的呢？對於那些抄襲（欺騙）的孩子而言，抄襲或者是誤導老師、同學和父母對他自己在作業或技能表現的錯誤印象，或者是為了獲得些許他不應得的東西，比如說，分數、別人對他的認可或教師的稱讚。事實上，學校老師強調的通常是前一個面向（譯按：也就是抄襲牽涉到的是讓人對自己有錯誤的印象），在這方面，學校的焦點會放在讓學生知道，他們呈現給別人的假象會對自己造成傷害，這是因為假如學校不知道學生在課業上所面臨的問題或不懂的地方，學校教育的效能就不會恰當發揮。在另外的領域中，例如學術界，針對抄襲的重點就會是另一個面向，也就是一個人獲得了他不應獲得的事物，如一個人因為剽竊他人想法而獲得別人認可，而這個認可本來會是同儕應得的（某些更複雜的情況還可能牽涉到財務獎勵的損失）。老師對於以欺騙行為來竊取不應得之物的處理，應該重視到什麼程度呢？要探討這個問題，我們勢必得深入與「得所應得」（just deserts）有關的「公平」（fairness）議題（可參考 Sher, 1989）。即使我們不處理欺騙之為錯是錯在哪裡的問

題，如何教導孩子不可偷竊仍然是個複雜的任務。就算只是要讓孩子理解為什麼偷竊是錯誤的，就勢必牽涉到他們對財產、財產所植基的權利觀念，及私有財產和公有財產體制共存可能性等問題的了解。學校甚至要鼓勵孩子去檢視人類社會當中公私財產體制的必要程度。在粗略介紹誠實所牽涉到的財產正當性的層面，接下來我將探討誠實的另一個層面，也就是話語真實性的層面。

倡導說實話的美德是不是就表示：我們要鼓勵孩子總是說真話、總是對他們所相信的事實給予正確詳實的描述？全部真相、毫無隱瞞？可能啟人疑竇的是，前述問題的答案並非全然都是肯定的。如果我們回想自己與他人的談話內容，就會發現我們絕少毫無保留將事實全盤托出。確實，如果我們要避免讓聽者覺得無聊，或避免把自身麻煩強加於聽者身上，我們就不會將事實全部說出。當別人詢問我們的近況，或假期過得如何等問題，我們往往回答說：很不錯、很棒。我們絕少會鉅細靡遺描述旅程中的身體微恙或異國風情。實際上，我們都應學到，只有在某些特定的脈絡下（例如：警察在做調查或有人在尋找遺失物品時），與我們對話的人才會想知道整個實情。如果以嚴格的標準來審視許多陳年往事的真實性，那麼它們都經不起考驗。調情、晚餐後的閒聊、鼓舞人心的談話等，如果都遵循真實性的標準來進行，全都會顯得無聊沉悶。在這些事項上，從一個關心說實話的角度出發，我們最好就是享受這些對話，即使我們會想到「好吧！他等一下會說這些話，看吧！」如此說來，一個誠實的人並不需要無時無刻說出全部的實情，他必須知道在什麼合宜的時間說出實情。如同貝爾（Baier, 1990）所說：

> 話語真實性是指一個人知道在適當時間以合適方式說出心裡的話，即使如此，錯誤的判斷仍然會發生，說話者必須快速決定哪些話說了最有幫助。（p. 270）

　　同樣地，孩子需要學習判斷在什麼時候別人沒有刻意說謊，但也沒有說出全部實情。許多愛取笑兒童的成年人，他們就正是利用兒童不了解社會生活的複雜性，因此會把別人所說的全都當真。學會哪些時候人們只是在開玩笑或戲謔，就代表學會了社交中的人並非總是在說實話。

　　兒童到頭來會學到，他們所知事實原汁原味的陳述，在某些時候其實並不重要。基於禮貌或社交的需要，我們對所知事實做合宜調整和炫人修飾是必要的。在一些棘手的問題當中，誠實固然重要，但會導致我們不誠實的一些考量也同樣重要，比如說，對別人或自己安危福祉的考量。面對如此的兩難，兒童也要考量應該如何來面對處理。在這問題上，康德提出了最經典的例子。在是否向謀殺者撒謊以便保護受害人的討論中，多數人都認為，這時候的撒謊是保護受害人的合理作為。如果要舉一個誠實的優先性不如其他價值的案例，這就是最佳的例子。眾所周知，康德（英譯1949）聲稱，即使在謀殺者向我們追問受害人的去處時，誠實「仍是神聖且為理性所給的絕對律令，沒有權宜調整的餘地。」雖然如此，康德針對康斯坦（Benjamin Constant, 1767-1830）[2] 批評他的回應文字，也頗值我們深思。康德說：

> 例如：假使說謊確實可以令你預防謀殺的發生，但相對也代表你要為接下來會發生的結果擔負起法律責任。然而如果你堅持誠實，接下來不管會發生什麼結果，司法審判都不會落到你頭上。當謀殺者問你，他要殺的人是否躲在屋內。此時，當你誠實以對，而那被追殺的人也許已經溜到屋外，所以他就不會被謀殺者撞到，因此也就不會被殺了。但假如你說了謊，說那被追殺

---

[2]　Benjamin Constant 是十九世紀前葉一位法裔瑞士籍的古典自由派政治思想家，他重新定義自由是人們不受政府和社會干擾的狀態。

的人不在屋內，而此時的他眞的已經在你不知情的情況下逃了出去，也恰巧被謀殺者碰到了，而且殺了他。這時別人就可以名正言順地指控你，說你是那被害人致死的原因。這是因爲假如你就你所知說了實話，而謀殺者也考慮到在搜屋時會被鄰居逮捕，因而就放棄了搜查行動，兇案也就不會發生了。就此而言，說謊的人不管他是如何的好心，都必須爲那事情不可預期的結果負起責任，甚至要負起民事賠償的責任。這是因爲，誠實就是義務，誠實這義務是基於契約而生的所有義務的基礎。假如我們容許在這方面有例外，所有因這些義務而產生的法律，都會變得模糊和無用。（引自 Bok, 1978, p. 269）

如果不看前述引言中的最後一句話（那句話讓我們注意到說實話的眞正理由），康德似乎認爲，假如我們不幸碰到謀殺者在追殺他的受害人時，我們說實話的理由就在於「法律譴責」（legal blame）的規避。從幾個地方可以看出這樣的想法：例如：如果你堅持誠實……司法審判就不會落到你頭上；一旦你說謊，就必須承擔接下來發生的結果，別人就可以名正言順地指控你，或甚至要爲那不可預期的結果負起民事賠償的責任。威廉斯（Bernard Williams, 1985）要我們注意，在道德這樣的奇怪體制當中[3]，譴責所突顯的重要意義。顯然地，康德在此處提出堅守律令的好理由（在這個案例中，對那些堅持說實話的人而言），是當事情發展不如預期時，我們至少不會遭到法律的譴責，畢竟我們只是「說實話」而已。這樣的說法是不是表示，當道德原則衝突的情境發生時，我們最明智行動的準則就在於不要招致法律的譴責？如果不是如此，把「避免法律譴責」當做我們在思考「如何解決倫理抉擇時應普遍考量的重點」，就會是一種放縱自己（self-indulgent）的做法。

---

[3] 根據威廉斯的主張，這奇怪的體制是康德的道德理論所建構出來的。

在面對道德衝突的情境中，假如我們並沒有很強的理由把誠實當做最優先的選擇，那麼，再一次地，老師的工作就會相當艱辛。老師不能很順手地把「要說實話」教給學生。老師在考量誠實的要求不如其他道德價值時，需要有自己專業的判斷（如同醫生、護理師、新聞從業人員一樣）。老師也必須教導學生在充斥價值衝突的複雜世界和可能犯錯的決定中，如何抉擇那較小的惡。例如：在某些場合是否保持沉默比較好？在不同脈絡下，這樣的沉默可能代表不誠實，或是軟弱、膽小等，但這沉默也可能是仁慈或充滿智慧的行為。

那些看來清楚明白、違反道德要求的說謊和偷竊，其實需要詳細討論（可參考 Bok, 1978，整本書都在討論說謊；亦可參考 Michell, 1990，對父權社會造成誠實壓力所做的處理）。另外，誠實所涉及的道德複雜性並不止於此，在下一小節裡，我會有進一步的探討。

坦誠（CANDOR）

在之前提到，康德在討論謀殺者追殺受害人的案例中，一個人之所以有義務去說實話，主要在他警覺到不說實話會讓他受到法律上的譴責。同樣的警覺性讓康德在坦誠這件事上卻得出不同的論點，在康德的觀點（英譯 1963）中，「沒有人對其感受……是坦誠的」（p. 224）。拘謹和沉默寡言是我們面對他人的嘲諷和責備時的保護機制。如果我們全然美善，那當然不用拘謹，但既然我們充滿缺點，而把這些缺點毫無保留暴露出來，在他人眼中，我們就成了「愚蠢且令人厭惡」的人。因此，康德說，我們必須「把我們窗戶的擋風板關好」，如果我們夠睿智，就算是最親密的朋友，我們也不會向他們坦白自己的內心。

我們在與朋友交往時，千萬要小心謹慎，要小心到當朋友轉變為

敵人時，自己也不會受到傷害。我們不能給予他任何把柄……把
自己完全交在朋友的手中是一件非常不明智的行爲。若告訴他所
有祕密，當他一旦成爲敵人時，就會把這些祕密散播出去，因而
可能損害我們的利益。（康德，英譯 1963，p. 203）

在做了這個陳述後，康德繼續提醒我們「保守自己祕密的重要性」。因
爲，就算我們的朋友不會變成敵人，他們也有可能在無意間傷害我們，特
別是當他們魯莽衝動時。

　　到底什麼是坦誠呢？它是一個人對於「已然成爲自己個性一部分的思
想和感受的公開揭露」。一個人可以在日常生活中表現出合宜的誠實，但
他同時可以不是一個具有坦誠性格的人。以康德爲例。他若是遵守自己所
提出的道德準則，那麼他就是位誠實的人，但他卻絕不是一位敞開自己內
心世界的人，即使是面對自己的朋友依然如此。在巴恩斯（Julian Barnes,
1981）的小說《都會世界》（Metroland）中，主角克利斯（Chris）告訴
讀者，他如何被他的法國女朋友安妮克（Annick）逼著要坦誠。當他發現
自己很難表達第一次和她過夜「感激和沾沾自喜」的複雜情緒時，他反問
安妮克的感受：

　　「當我和一個英國人過夜時，我一開始覺得好笑，發現你會說法
　　語就讓我覺得比較放鬆，同時想到媽媽會怎麼看這件事，就讓我
　　有罪惡感，我也迫不及待地想告訴朋友我們之間發生的事，還
　　有……就是覺得有趣。」
　　　　接著我帶點尷尬且笨拙地稱讚她的誠懇，並問她是如何把自
　　己教到如此的坦白。「不懂你的意思？教到？這不是可以學來的
　　東西，就只是內心的話而已，就這樣而已。」
　　　　這乍聽之下確實沒什麼，但我後來逐漸理解，安妮克之所以
　　坦誠的訣竅，就在於她沒有訣竅。（pp. 100-101）

　　其實，驅使克利斯坦誠的脈絡並不讓人驚訝。就如費雪爾（Fisher, 1990）所說，「愛引導內心的敞開，而警戒心消磨了愛」（p. 31, n. 9）。費雪爾的說法與康德不一樣，心扉的敞開是愛人與親密友伴關係才會有的特徵，這類關係的好處之一，是它能提供人做自己的可能，也能讓人以很享受的方式，發現自己友伴的獨特性（這獨特性是由品性、思想及感受所構成的組合）。但這不代表在這類關係中我們需要完全的坦誠；在關心我們所愛的人這件事上，由於我們關心所愛的人，這種關心反而會讓我們避免將不讓人愉快的事實全盤揭露。坦誠不會只發生在親密的關係中，它是一個人在面對其他人時可以呈現的態度。我認爲，亞里斯多德就是用這個態度來形容所謂眞誠的人（the truthful man）。所謂眞誠的人，並不是一個信守承諾的人；承諾的信守與正義或不正義有關（承諾的信守是另一種卓越）。眞誠的人在與正義和不正義無關的情境裡，能夠基於他的品格（character），在言語及生活中表現出他的眞實面（*Nicomachean Ethics*, 1127b 1）。

　　坦誠可以教嗎？或許安妮克的看法是對的。我們或可試圖教孩子信守承諾或尊重他人財產，但坦誠確實讓人感覺不像是可以教的東西。它比較像是老師必須讓年輕人理解的特質；在這種理解之下，年輕人就可以看出什麼時候可以坦誠，什麼時候不須坦誠。如此的理解需要排除一些對坦誠的誤解。坦誠不是讓人不快的坦白（brutal frankness），坦誠不是告訴與對方有關的不愉快眞相，坦誠也不是單純的多話。坦誠的表現就正如其他特徵一樣，內含有亞里斯多德式的中庸，即便是再有趣的人，假如他們的聽眾經常聽到他們把所知一五一十地說出，也都不會覺得那麼有趣。在某些情況下，一個人的坦誠表露也可能對他人隱私造成侵犯。而且，康德的謹愼也有道理，合理的謹愼態度需要小心表露自己的想法和感受。例如：假使同事間對政治、宗教或其他許多議題的看法都直言不諱，那麼原來良好的專業關係就可能會受到破壞。這就像是我們身爲小說讀者，能透過閱

讀以得知敘事者的私密想法，這些想法如果透露給小說中的其他人物，就會讓他們沮喪，或在面對敘事者時，會產生許多不必要的情緒（如憐憫、輕蔑等）。雖然如此，從一個正向的角度來看，老師可以把坦誠呈現為一種有吸引力的特質，坦誠的人通常是具有善意的人，如同貝爾（Baier, 1990）所說：

> 樂意向他人敞開一己心胸，代表著某種程度的善意、信任和個性
> 的天真；具有侵略性的人往往會巧妙地避開坦誠。（p. 274）

坦誠的人（他們的意圖良善，對於在什麼時候可以公開自己的想法和感受，乃至於公開到什麼程度，都有相當的判斷力）之所以受人歡迎，是因為與他們相處時，我們會清楚知道自己的處境，我們會感到輕鬆自在。如同克利斯在《都會世界》說的，「安妮克是第一個讓他真的感到放鬆的人。」他們提供我們從另外一個觀點看到的世界圖像。除了讓學生了解什麼是坦誠之外，學校即使無法真的做到讓人坦誠，也可以致力於讓自己具有一個讓坦誠可以發展的組織和氣氛。要了解如何達成這目標，我們可以先了解我們為何做不到坦誠的原因。

誠實與坦誠的阻礙（OBSTACLES TO HONESTY AND CANDOR）

有些時候，慣常誠實的人仍會為了自身或他人的利益而撒謊或不坦誠。除非把誠實當做完全無法推翻的原則，否則偶一為之的不誠實似乎是最好的選擇。

有一種情境值得我們詳加討論，那就是社會（社群）本身讓人難以誠實和坦誠。例如：某些信念系統會讓人有偽善的強烈動機、促使人隱瞞自己有許多被認定為錯誤的信念與感受，或是讓人假裝擁有那些實際上沒有

的高貴和無私意圖。這些信念系統如某些極端的基督新教的教義或某些馬克思主義的極端版，它們表現出來的特點，就是期待人依循不可能達成的理想來生活。這些信念系統的追隨者通常會將自己的人生目標設定爲比你屬靈（holier-than-thou）[4]，或成爲新蘇聯人（all-Soviet man）[5]。一旦如此，他們也就會成爲被檢驗或攻擊的對象，這是因爲僞善會造成反僞善的可能出現，其結果會造成一個恐怖的社會。在如此恐怖的社會中，社會成員會被那不可能達成的要求（例如思想、語言和行動的純淨）所驅使，他們一方面擔心自己無法達成要求，同時也會猜忌他們的鄰居，懷疑鄰居實際上絕不是他們表現出來的那個樣子。結果就會是我們再熟悉不過的獵巫行動：同事之間的互相檢舉，孩子對父母的舉報。在此，我們可以來思考一下，這些在追求純淨中所引發的惡性循環究竟從何而起，問題似乎出在那些對人的嚴峻要求，助長了僞善／反僞善的循環。這些信念系統無法接受人會犯錯這樣的想法。

　　之所以提到會導致不誠實和不坦誠的信念系統，不僅只是這些系統引發我們對過去歷史的興趣而已，學校也有可能像那些系統一樣，對學校的成員（教職員工和學生）有著過高的期望。在過往，學校期待所有的學生

---

[4]　中文世界基督徒用語中有「屬靈」一詞，代表一個人對信仰、對神的認眞及虔誠態度。作者在此指出，在基督徒的思想中，有一種對什麼是好基督徒的想像，並以此爲標準來比較彼此是否更接近那個目標。關於基督徒對於屬靈比較之概念，可參閱網路上的文獻。https://www.taiwanbible.com/web/wiki/view.jsp?QID=5367

[5]　"Soviet Man" 一辭原文爲 "novy sovetsky chelovek"，是蘇聯列寧、史達林年代常提及的政治理念，認爲人們在蘇聯領導下會重新建立道德生活，擺脫一般人過往的惡習，再生爲重視群體生活價值的人，因此又常被翻爲 "New Soviet Man"，我們取此意將之翻爲新蘇聯人。關於 "Soviet Man" 的介紹請參閱 https://www.encyclopedia.com/history/encyclopedias-almanacs-transcripts-and-maps/soviet-man

能跟上那些學業表現優異的學生（抄作業於是成為最快的方式），或者是要求學生繳交作業時，第一次用墨水書寫就要整齊且不能有錯。（我小時候所犯的罪行之一，就是偷偷把英文作業簿上的一些作業拿掉，因為我沒有辦法完成那些作業。）如今，大家可能會認為，經過這麼多日子以來，學校在這些事情上也有了長足的進步，我們對這些事的要求已經比較合理了。的確，老實說，在這些事情上我們已經有了進步。但不可否認地，一直到今天，我們仍然會提出一些不可能達成的要求，而在這些要求中，我們同樣忽略了人性的脆弱（human frailty）。例如：學校當然應該有反種族歧視和反性別歧視的政策，這些政策反映了我們現在所處的社會受到種族和性別界線劃分的影響，因此我們應該致力於這些界線的重畫，為了這個目標，學校就應動手去做一些有建設性的工作。對於許多反性別歧視和種族歧視的「清教徒」而言，僅止於承認問題、致力改變及適應新的禮節，或建立新的社會系統結構都是不夠的。他們期待一個全新的世界，所有的人在想法和言行舉止上都沒有瑕疵。於是他們付出了許多心力，去指認偽善表象之後的頑固種族和性別歧視主義者。但我們想讓自己拘泥在如此純淨的追求嗎？面對這個問題，首先，讓我們來思考：為什麼我們一定要把某些事實只當做表象呢？我們也許可以輕鬆接受有些男人已然改變他們態度的事實，比如說，他們已經認定在某些公共場合當中，過往貶抑女人的行為是不可接受的。我們也不須強調，在表象之後的真實內在自我（如種族主義者和性別主義者的內在自我）需要被揭露。相反地，我們可以去突顯某些人願意改變的正面形象，指出這些人願意在某些情境中改變他們的行為，假以時日，他們也許會在別的情境中，願意檢討自己固有的態度和行為。

　　學校對坦誠的打壓來自於兩端。第一，學校樹立過高的理想，而達不到那理想標準的人會受到懲罰；第二，學校對人類美好生活的可能，採取的一個較狹隘的立場。例如：英國的許多學校，往往不自覺地在教學、

學校組織運作及給家長的信中等，預設了這個世界的核心家庭是由異性戀者所組成。如果孩子，尤其是年紀小的孩子，接收到這些所謂正常家庭的訊息，在自己的家庭不符合那些期待時，他們就會感到焦慮而想要去掩飾，以免自己及家人被同儕嘲笑或輕蔑。

　　學校如果要培養坦誠，不僅要體察人性的脆弱，還要對那些達不到理想標準的學校成員表現出寬大與接納。在一個多元社會，學校還要能體察學生持有不同的價值觀和生活型態。當然，上述論點並不表示學校為了要鼓勵坦誠，就去接納所有類型的生活型態（例如：涉毒或暴力的生活就不應接納），如此使得學生不用隱藏任何事。上述論點強調，學校應該避免不經意地讓學生對其生活型態感到羞愧，進而需要壓抑或隱瞞它。最後，學校也應注意，不要讓學生覺得坦誠是個義務。學校的目標毋寧是營造出一種氛圍，讓人不會感覺到必須去掩飾自己，並可以選擇一己隱私的不公開（可參閱 Houston, 1993。休斯頓在那文獻中，細膩處理了在學校中鼓勵坦誠時會遭遇到的風險和危機）。

對自我的認識和自我欺騙
（SELF-KNOWLEDGE AND SELF-DECEPTION）

　　一般人都會以為，老師應該鼓勵學生盡可能掌握自己所具有的能力、技能和潛力。一個人是否可能欺騙自己？此處的關鍵點是自我欺騙。針對這問題的討論已經很多了。不管這些討論是多麼的理論化，自我欺騙這個頗戲劇性的詞彙反映了日常生活的現象，這現象對大部分的人而言也頗熟悉。我們人對自己當然會有些認識，比如說，認為自己不會好高騖遠，不會輕易地發怒，機會來時能闖出一番事業等。但其他人對我們的自我認知卻有強烈懷疑的理由。乍看之下，受教者應該對自己的人格特質和潛能有清楚了解，但從教育的眼光來看，這真的那麼重要嗎？艾略特

（R. K. Elliott, 1989）提出，一個人對自己的潛能做出太眞實的判斷時，往往會阻礙許多有價值的嘗試：

> 老師不見得希望孩子對「自己能做什麼或不能做什麼」採取眞實的判斷，在許多教育或生活中的場合，成功更常取決於膽識和沉著，而不是我們的眞實判斷。對處在青少年階段的學生來說，當他們選擇了主修科目時，他們對所選科目的投入，往往顯示在超乎尋常的信心。學生一開始會以做作、看似細膩複雜的方式起頭，接著會對主修科目中的既有權威進行武斷的批評，並試著去發展自己原創性的想法，也許會把老師的見解當做陳腔濫調。無疑地，不論是對於自身的能力或潛能，他都處於幻想的階段，但學生如此的表現，所代表的是一件會讓老師滿意，而不是會讓老師焦慮的發展形態。那學生其實並沒有認定自己是，比如說，一個批判者（critic），他只是投入了一個要成爲批判者的活動。假如這眞的是一個矯飾（pretence）的話，如此的矯飾是一個嚴肅的作爲，因爲他很清楚知道自己只是企圖要成爲一個批判者，他這樣的作爲就不是一個刻意欺騙自己的舉動了。他誇大的信心反映了他所投入的精力，而他也已經得到他預期的改變。一個基於自知之明的眞實判斷並不能帶給他這樣的改變。若他的態度帶有些許自欺的元素，從教育的觀點而言，即使是這樣的態度，我們仍然可以接受。（p. 52）

當老師爲使學生能達到最好的成就時，老師須具備良好的判斷力來決定何時讓學生對自己的能力有清楚的認識。理想上，這不能只是老師個別的判斷，而必須是學校全體教職員的共同努力。即使在某些共識難以取得的困難情況下，學校的政策至少要能鼓勵學生勇於從事智能及藝能成就的追求。上述對自我欺騙的看法，對於當下流行於英國學校中的自我評鑑及

學習成就剖析方案（profiling scheme），也會有一點啟發作用，因為它們都要求學生對自己的成就及志向採取真實性的評量。

誠實和政治教育（HONESTY AND POLITICAL EDUCATION）

　　截至目前的討論，都著重在個人的面向，但誠實的議題其實大部分和公共生活有關，如同威廉斯（Bernard Williams, 1985）所說：

> 公共生活當中一個可預期的危險，就是在許多情境當中，我們必須採取道德上可議，但卻又十分必要的作為。如果基於道德的立場而拒絕如此必要的作為，那麼我們甚至不可能嚴肅地追求政治上的道德目的。（p. 63）

　　道德上明顯不允許的事需要用各式偽裝來欺瞞，如果我們不希望讓學生對政治一概不信任的話，這是政治教育需要審慎拿捏的一個面向。從一開始，我們就要讓學生知道民主政治有其敵對衝突的面向，民主政治要求政策的積極推動，政治人物要有能力忽視不久前還信誓旦旦去推動的政策，並會傾向去認定競爭對手的觀點毫無價值。如此的教導不代表這個系統就是對的，但它也不像表面看起來那麼的詭譎狡詐。重要的是讓學生知道民主政治運作的真實情況，民主政治並不是建立在政黨之間的謊言和曲解的交鋒；學生也要能分辨為了政黨政權延續而說的不實言論，及為了避免投機者不當獲利而對貨幣其實就要貶值的否定[6]。政治生活及公共生活中的許多面向（如法律、醫療及大眾傳播），都牽涉到誠實議題。誠實議題也是學校政治教育當中的一部分，需要進一步周全的討論。我在此僅能指

---

[6]　這句話不易懂。作者想表達的是：學生要能分辨在政治活動中的惡質假話及不得不說的謊言。

出，處理誠實議題的學校政治教育有兩個管道：一是透過正式的課程；另一是透過學校的組織架構及學校整體氛圍（ethos）。兩者之間，後者的影響力也許較大。單單基於此，學校教職員工就須檢視他們是否誠實及公開透明地參與學校運作過程。英國學校頗有隱蔽學校內部的惡名，例如：前些年的學校（通常是教幼小孩童的學校）常會在校門口豎立標語，禁止家長進入校園。學校的任何一名教職員，都應該要用批判式的眼光來看待他們學校運作的程序，以確保學校現場與他們期望營造的氛圍相契合。

結論（CONCLUSION）

在這章中，我僅僅討論了道德世界當中的一個要素，也就是教導孩子在不同生活面向中成為誠實的人。在這個要素上，我們還有許多可以討論的議題。我腦海中馬上浮現的議題有：一個人是否可能在不誠實的情況下，受到他人或機構的信任？在缺乏誠實和公開透明的情況下，一個人的自主可以到什麼程度？我們在教孩子誠實時，是不是也要教他們勇敢？這是因為我們有時需要勇敢才能誠實？如果我們沒有接受康德對為什麼要誠實的證成（我自己就在不敲鑼打鼓的情況下否定了康德的論證），為什麼我們會普遍認定誠實是件好事？我們能夠說，在公共生活中，有關誠實的規範應該更嚴謹地要求嗎？這些問題顯示了，幫助孩子了解誠實勢必牽涉到其他許多價值的細膩理解。除了信任和勇敢外，這些價值包含友情、愛和忠誠。教育哲學工作者需要和老師們共同探索這些錯綜複雜的價值網絡，如此才能夠讓老師在專業上應付社會對他們的道德要求。不如此，老師就無法實實在在地把工作做好了！

第八章

文明素養與公民教育
(Decency and Education for Citizenship)

　　一般討論民主的人不太會去注意文明素養（decency）和禮貌（good manners）這兩個課題。有關民主社會中的公民身分（citizenship）或政治教育的論述，通常強調的重點是「對民主原則（如正義、自由、對人的尊重）認同的培育」、「對公民承擔之義務、責任和所享有權利的理解」及「某些技能的習得」。有時候，這些文獻也會討論到某些公民特質，如勇敢、心胸開放（openmindedness）等，但它們很少會去強調，甚至完全不會理會，文明素養或禮貌的課題。

　　也許有人會問，我們為什麼要討論那些課題？有許多人並不認為文明素養的生活（life of decency）是不證自明的好事。詩人波普（Alexander Pope, 1688-1744）[1] 在〈論女性的性格〉（"Of the Characters of Women"）一詩中（Hayward, 1983），就曾說：

---

[1]　Alexander Pope 是十八世紀初英國最有名的詩人之一，留下許多名言佳句。

　　她所言、所行及所爲，全然就是爲所應爲；

　　但從也就沒有獲得好評。

　　美德的養成，她發現，是件辛苦的事，

　　於是甘心沉溺於（外表的）文明素養，直到永遠。（p. 210）

羅威爾（Robert Lowell, 1917-1977）[2]在兩個世紀之後呼應了波普的想法。他說：

　　有文明素養的舊式生活多麼可怕

　　沒有那看起來不合宜的親密和爭吵

　　當那沒有被解放的婦女

　　仍然受制於佛洛伊德眼中的爸爸和女傭！[3]（1964, p. 86）

即使是爲文明素養說話的人，如在布魯克納（Anita Brookner）所寫的書《看我》（*Look at Me*）當中，書中人物辛頓（Frances Hinton）對文明素養的稱讚也有所保留，書中說：

　　我自己不認爲中產階級的生活方式有什麼不對，我喜歡規律的

　　作息、有禮的行爲舉止、對他人適當的關注。我喜歡生活的

　　井然有序、小心謹慎，凡事牢靠。我也喜歡誠實和幽默感。

　　（Brookner, 1982, p. 59；引自 Kekes, 1989, p. 71）

有許多青少年也認爲，與文明素養相較之下，人格的正直（personal integrity）、自我表達（self-expression）和正義等價值對他們更有吸引力。

---

[2]　Robert Lowell 是美國詩人，普立茲文學獎得主。

[3]　此引文意指有文明素養者受到了文明的宰制。

　　相較於對文明素養的不以為然，我在這裡的主張則是：與文明素養有關的諸多價值，不僅是某些恰巧看重它們的人以為它們很重要（如前述引文中的辛頓），它們是民主社會當中美好生活的重要元素（這一點在之前已提到過，另外參考 White, 1983）；因為如此價值的被重視，民主社會的成員才得以和不是那麼熟悉的成員維持恰當的關係；文明素養的價值包含有對人的善意、樂於助人（helpfulness），及對別人需求和欲望的在意。

　　當我提到文明素養的價值，我心中對它究竟有什麼樣的認定？要嘗試回答這問題，我要做兩件事。第一，我要具體勾勒具有（或缺乏）文明素養的社會樣貌，我也會順便交代沒有文明素養的人會是什麼樣子。第二，我要說明我理解的文明素養為何，我尤其要交代什麼是民主的文明素養（democratic decency），也會替民主的文明素養來辯護；在文明素養的培養是民主社會公民教育一部分的認定下，如此的說明，可以讓我對學校在促進文明素養所扮演的角色，做個大要的描述。

文明素養的價值（THE VALUES OF DECENCY）

　　一個社會情境是否展現了文明素養，可以由我在華沙和溫哥華兩地咖啡館的經驗來做說明。事情發生在 1989 年。在溫哥華，當我進到了咖啡館，女服務生笑臉相迎，引我到餐桌。在點餐時，她友善地和我開聊了兩句。進餐的時間裡，她會注意我的用餐情形，而她的關心並不會讓我感到她刻意討我喜歡或諂媚。當菜單上沒有我要點的東西，她向我道歉，並建議我可以考慮另外的餐點。我在這咖啡館感到相當自在，用起餐來十分愉快。在華沙，有朋友帶我到一個公園裡的咖啡廳，整個地方只有另外一組客人。一個男服務生貼靠著牆，用散漫的眼神打量我們，但沒有趨近相迎的意思。後來總算向我們信步走來，板著臉孔，站到了我們的桌旁。咖啡廳裡根本就沒有我們要的東西（事實上，菜單上能選的東西非常少），

他也沒有建議我們任何替代餐飲。到最後，我們點了檸檬水，並在他冷眼相待之下飲用。我們覺得很不安，在地朋友也很感慨他們所享有的公共生活品質，既低劣又粗鄙。他們把這樣的公共生活品質，歸因於超過四十年的威權統治。我在此提供生活中的兩個事件，試著要來說明一個社會情境呈現了文明的素養，而另一個社會情境則沒有。我提這些事，並不是要讚美或責備上述事件當中的服務生，也不是要探究為什麼在華沙咖啡廳裡發生的事，有其情有可原之處，我只是想要藉著具體的實例，來說明我心中所設定的態度。同樣地，凱克斯（John Kekes）也很生動地告訴過我們，一個肯定文明素養價值的社會與一個不是那麼肯定的社會的不同之處。在凱克斯的一本書裡，他引述布羅根（Dennis Brogan）描述美國伊利諾州一個小鎮的氛圍，描述這個小鎮有一股「安謐、友善和誠懇」的氛圍。相對比地，凱克斯也引述帕斯特納克（Boris Pasternak）及符理登堡（Olga Friedenberg）通信中形容另一個地方的一段話，說這個地方充滿了「低俗、無聊的敵意、滋生小奸小惡的黯黑意識」（引自 Kekes, 1989, p. 51）。

凱克斯筆下的第二個地方，就正如我經驗當中的華沙咖啡廳，所缺乏的就正是文明素養，此素養也就是凱克斯所指出的，「由不矯揉造作的善意、輕鬆的友善態度及互助精神結合而成的混合體」（p. 51）。如此的素養牽涉到的不是人與人之間的親密關係，也無關人際之間的深厚感情；文明素養牽涉到的是陌生人之間，或不是那麼親近的同事之間的關係。由文明素養所展現的態度和行為，會在人際之間產生良性的互動，但假如展現如此態度的人，持續性地遭遇對方冷漠和粗魯的對待，那麼這種有文明素養的態度就無法維持，而會向下沉淪，成為日常生活中的敵意或更糟的結果。

在個人的層次上，哲學家休姆（D. Hume, 1711-1965）在〈讓人立即感到親切融洽的特質〉（"Qualities Immediately Agreeable to Others"）一

文中，讓我們對於什麼是禮貌有更深的了解。休姆把禮貌當做一種控制驕傲、自滿及高估自己傾向的機制。在社交聊天的場合，休姆說，禮貌會有下列的作用：

> 在有教養的人當中，彼此的尊重因而產生；對他人的不屑受到了掩飾，威權不會張揚，焦點會輪流放在每一個人身上；談話因而可以平順維持下去，沒有疾言厲色，沒有中斷，沒有爭強好勝，沒有趾高氣昂……。在對話中，氛圍友善和氣，對沒有加入談話的人而言也是如此。因為這樣，太占發言時間或自以為是的強烈表述都不受到認可。在交談中，大多數參與者都希望有說話的機會，假如有人多話，占了大家都想要的發言時間，別人惡意的眼神就會投射過去。（Hume, ed. 1959, pp. 244-245）

文明素養和禮貌，關係到的是對自我中心（egoism）及自大（arrogance）的克制。比如說，一個對人沒有謝意或不表達感謝的人，就可以被視為陷溺於自我中心，使得他不會有禮貌。這樣子的人，或者是自私陶醉於獲得的好處，或者覺得別人理所當然應該來滿足他（參見 Casey, 1990, p. 156）。但我們由之前休姆所提的可以再做一點引申，文明素養關切的不僅是對過度自我中心的節制，它的另一層面，也許是它最好的那一層面，關係到的是讓我們能夠跟別人相處或讓人開心。比如說，在受邀時，注意自己的衣著打扮，這並不表示自己對外表的在乎，而可以是表現出對受邀的開心。

到目前為止，我只是輕描淡寫地點出了：什麼樣的情境可以說是有文明素養的表現、什麼情境則是文明素養的缺乏；一個人在什麼情況下表現了禮貌或不禮貌。下一步我要更精確說明文明素養的意涵。

什麼是文明素養？（WHAT IS DECENCY?）

　　我在此所談的文明素養和禮貌，只不過是我們道德生活當中的一個面向。這個面向觸及到我們與不熟悉的人在面對面交往時的態度。換言之，一個人的文明素養，不是他對人這樣的存有者應該持有什麼樣的道德態度，或對自己的朋友及親近的人應該有什麼樣的道德態度。當然，這些態度也並非各自獨立；在我們道德的生活中，我們與不熟悉的人的相處態度，也會與朋友相處時的態度產生重疊的現象。

　　所謂有文明素養的態度，指的是我們對他人所持的善意及對他人福祉的關懷。而它們通常會表現在日常生活的一些儀式當中。這些儀式包括了對人的問候（打招呼）、道別、道歉、表達後悔、表達同情或慶賀等。假如我們有對人的善意態度，也習慣用熟悉的儀式行為來表達，我們在那情境中就會覺得舒適自在，而我們的儀式行為也會誠懇而真切。在這情況下，那些儀式也不會被認為是對我們行為的外在約束，它們反而是我們心情的表達管道。但在某些不幸的情況下，我們有可能不熟悉那些表達感受的儀式，因為如此，我們的行為於是就容易被誤解。根據一個最新的英國電視節目，美國的美國銀行（Bank of America）就注意到，在他們對員工進行評估的晤談中，上述的誤解很容易就會發生。當主持晤談的主管詢問員工，對公司為他們未來一年所設績效目標的感想為何時，公司的主管對受評員工的反應，往往會有特定的期望。他們會希望一種典型的美式反應，如「沒問題」。假如有些具少數族裔背景的員工回應道「我會盡力達成」，這樣的回應往往會被認定是缺乏信心及對工作不夠投入的表現，而如此的誤解在國際場合當中所在多有。電話禮節的不同，往往會是冒犯別人或被人冒犯的淵藪（參見 "How the phone can cross wires", 1992）。有禮貌的英國人和義大利人會認為，在交談中一定不能讓談話有任何的中斷；而芬蘭人和日本人則認為，在聽完別人的談話後，要安靜琢磨別人的

談話內容才算有禮貌。讓我們試想兩組人馬之間的電話交談吧！

在另外的情境中，我們也會行禮如儀，但在如此行動中，我們卻會感到不安、尷尬或受人側目。這種情形經常發生在我們所處團體中的禮節與我們平常的習慣不同。如此的差異，也經常是小說、戲劇和電影中喜歡安排的主題，如《牛津風雲》（*A Yank at Oxford*）、《賣花女》（*Pygmalion*）之類的電影。在那樣的情境中，基於對人的關心與在意，我們會很刻意遵守那些我們不習慣的禮節，但在行動時，我們卻不會覺得我們真正表達了對別人的關心。一位南韓的博士生曾告訴我，當他在美國大學時，每遇到指導教授，依照當地習俗就會向教授打招呼，說聲「嗨」，他明明知道那是禮貌的做法，但他就是覺得不對勁！

在強調規則及禮貌的重要性之外，在此也要指出另外一個重點。在兩個層面上，文明素養也不是完全受制於規則。在一方面，不堅持自己既有的權利，姑且相信別人，自己額外多替人做一些，都是有文明素養的表現。就此而言，有文明素養的人展現的態度就是：即使自己有充分的理由來主張自己的權益，但也不總是把自己的權益放在第一順位。在另一方面，文明素養也會表現在對別人的厚道。有文明素養的人不僅會尊重他人的權利，甚至還會加碼，以超過對方應有權利的方式來對待他們。波斯灣戰爭期間，美國中央指揮部的副指揮官瓊斯（Nathan Jones）就展現了這種態度。在戰俘問題上，他說明美方所提供給戰俘的待遇會超過《日內瓦公約》（Geneva Convention）的規定。根據當時英國《獨立報》（*The Independent*）的報導：

> 他說，我們不僅要用人道的方式來對待他們，我們還會以禮寬待。他們所獲得的待遇會比他們被俘虜之前還要來得好。
> （Boggan, 1991）

　　雖然副指揮官瓊斯的話表達了文明素養的意涵，也就是對別人的厚待（給別人超過他們應享的權利），但有人會質疑他的表現並不算是一種純粹的文明素養（pure decency）。文明素養的行為來自於對他人的善意，而此處的善意極有可能混雜著想要贏取伊拉克軍心的動機，想要以此來誘導伊拉克軍人的投誠或叛逃。果真如此的話，這樣文明素養的行為就免不了讓人起疑。但即使這樣的行為從純粹善意而發，如此行為仍然呈現了文明素養這概念的機構或體制層面。之前，我在談到文明素養的態度時，我的重點放在個人之間，但從上面的案例來看，即使是機構或體制也可以內含有行為上的文明素養準則（codes of decency in behavior），這樣的準則多多少少可以做為體制當中成員的行動依據。

　　上面瓊斯所說的話，也意味著生活中的各個領域各有其禮節規範或文明準則。學術活動中的演講、論文寫作等，都會有規範來指引彼此不熟識者之間的行為（可參考 Palma, 1991，討論禮貌的文章）。同理，工商業界和戲劇界當中，也都各自有其規矩。假如我們認為這些活動中的文明行為都一樣的話，我們就錯了。當國際合作在各領域中與日俱增的情況下，這一點也值得我們放在心上。

　　到目前為止，我對文明素養的討論，都聚焦於民主社會中特定態度的表達。在不熟識者之間應遵守何種禮貌的問題上，任何社會都會有它約定俗成的表達方式。不同社會對什麼是社會生活中最重要的關鍵價值，往往會有不同的認定，隨著這不同的認定，文明素養或禮貌的表達方式也隨之不同。例如：在一個講究上下關係的階層社會中，對他人社會地位的合宜認定，乃至當錯誤發生時如何保全大家的顏面，就與文明素養和禮貌息息相關。同樣地，在民主社會中，對於如何認定對方的身分，乃至出錯時如何來避免尷尬，也都會有一定的表達方式。只不過民主社會的重點，會放在把別人當做與自己一樣地具有平等地位，也會鼓勵社會成員之間的友善來往，就像之前布羅根感受到美國伊利諾州小鎮所呈現的氛圍一樣。這就

是民主文明素養的表達，也是我在這裡論述的重點。

綜言之，民主社會中的文明素養，關係到的是社會成員對不熟識者所秉持的善意態度。這種善意的表達，在不同活動中會有不同的方式。表現出來通常會是：不那麼堅持自己享有的權利；寬待別人，給予他們超過原本可以得到的待遇。個人固然可以將這樣的態度表現在行為當中，但社會中的各種機制，也可以用文明準則來引導成員的行為。

文明素養的表達（THE EXPRESSION OF DECENCY）

在當代社會中（包括多元文化社會），不同的社會團體對什麼是表現文明素養的習俗和習慣，就會有不同的認定。我在之前已處理過這個問題，也點出了對這些習俗和習慣的無知會發生的窘狀；乃至點出了喜劇當中的賣點，往往是劇中人物無法掌握那些文明素養準則。不曉得什麼才是合乎文明素養的行為（如守時、對人表達謝意、不讓人覺得尷尬等的方式），往往會讓我們處在艱困的狀況，這是因為我們的意圖雖然良善，但犯下錯誤的可能性卻很大。賈瑞爾（Randell Jarrell, 1987）就察覺到了，在面對不熟悉禮節要求的狀況下，一般人可能會發生的強烈感受。他說：「對美國人而言，英式禮貌讓人害怕的程度，甚至超過了沒有任何禮貌。」（p. 21）

當代社會中的企業（如之前所提到的美國銀行）偏好營造特別的氛圍，以便讓它們的員工及客戶會有自在的感覺，這就是為什麼它們願意花錢去開設人際關係技巧的課程。但這些課程通常也會招來非議，因為有人會認為，這些課程著眼的是對人的操控，其重點是教人如何掩飾自己。當然，所有的技巧都可以被誤用，但是不是因為如此，企業就不應該開設那樣的課程，只是因為這些課程會被誤用？從一個正面的角度來看，這些課程可被視為是避免誤解的企圖，因為不同團體對什麼是禮貌和文明素

養的行爲有不同的認定，這種課程可以讓我們對這一事實有所認識。比如說，教人去了解別人的行爲語言，也許就可以避免對別人的意圖做出匆促和錯誤的判斷。另外，我們也可以把類似的課程，當做是企業一味追求效率的煞車機制，接受過這種課程的員工，也許會養成待人和善的行爲模式。雖然如此，針對這種人際技巧課程的批評還是不可免。這是因爲文明素養及有禮有節的核心價值，是對他人的善意態度，而這種人際技巧課程背後的推動力量，卻混雜了商業的元素。

文明素養有什麼錯？（WHAT IS WRONG WITH DECENCY?）

所謂文明素養，指的是對他人的善意態度，當這種態度表現在行爲上時，對方會覺得親切自在。在這種了解之下，爲什麼還會有人對這樣的態度和行爲不以爲然？

前面所提到的波普及羅威爾對文明素養有意見，他們似乎是認爲，依循文明要求的人生流於淺薄及虛矯。永遠甘心沉溺於文明素養，意味著人生永遠依靠外在規範而運作，而之所以依循那規範，是因爲那規範是社會已然肯定的行爲方式。如此的人生是爲常軌而活的人生。假如依循文明素養的人生，意味的是常軌人生，那麼要替文明素養辯護，就不會是件容易的事。因爲這樣的人生會缺乏誠眞性（authenticity），只是空泛依循規範而活。可是遵循文明素養的生活模式，並不是一種不眞誠的生活模式。因爲一個有文明素養的人，他行爲的出發點是想要透過恰當的方式，來表達對別人的善意。

針對文明素養的第一個質疑，可以透過「有文明素養的生活方式具有其誠眞性」的強調來化解。第二類對文明素養的質疑，主要是針對如此的生活模式固然肯定了一些價值，但它也忽略了或沒有恰當看重另外的價值。比如說，有人會認爲，文明素養的生活模式格外看重別人的感受和別

人的自重感，但卻忽略了諸如誠實和正直（integrity）的價值。老實讓別人知道他們實際上在會議中的表現或貢獻，或類似的事情，就會是一件比較好的事。同樣地，假如我們看重正義，那麼這種看重就可能會要求我們擺脫文明素養的表現。在自我肯定訓練（assertiveness training）當中，往往會鼓勵學員去爭取自己的權益，不要為一些無足輕重的禮貌而猶豫不前。是以，若當前的常規忽略了女人、黑人、身心障礙者或特定族群者的利益，去挑戰那既成的常規就應被鼓勵。

文明素養固然有它所肯定的價值，但在生活中其他重要的價值也不容否定。我們不要以為誠實和正直的強調，一定會和文明素養的價值相衝突。具有慧見和想像力的人，一方面可以表現出他們的文明素養，但另一方面也可以很誠實，也可以確保一己權利的不受侵犯。在某些情況下，魚和熊掌不能兼得，但這也不表示其他價值（如誠實和正義）的重要性，一定會高於文明素養當中的核心價值（也就是對他人的關懷）。其他的價值究竟在什麼時候才比較重要，這是一個價值判斷的問題。

之前我提過，在某些情況之下，透過我們謹慎的判斷，我們可以承認，民主文明素養的重要性在某些時候確實會不如正義或誠實，但即使如此，民主的文明素養仍有其價值。這種價值之間的權衡須仰賴我們的判斷，而這種判斷能力的培養正是教育的工作。

民主的文明素養與學校教育
（DEMOCRATIC DECENCY AND THE SCHOOL）

1990 年，英國國定課程委員會出版了《公民教育》（*Education for Citizenship*）白皮書。這文件的〈前言〉告訴我們，民主是我們斷定社會是否文明的諸多價值之一。假如之前我對民主社會中彼此不熟悉公民成員之間應有關係的說明大致得當，那麼我的說明就傳遞了一項重要訊息給學

校，那就是：假如我們要促進民主的價值（《公民教育》就認定我們應該如此做），學校就應該注意文明素養的問題。

在培養學生文明素養的努力中，假如學校要成功，重要的不是言教而是身教。英國政治哲學家歐克夏（Oakeshott, 1973）告訴我們他第一次認識到一些重要知性美德（intellectual virtues，如耐心、精確、簡約、優雅、格調）的歷程。他說，他對這些美德的認識，

> 來自於體操教練……並不是他説了些什麽，而是因爲他就是一個
> 有耐心、講究精確、要而不繁、優雅及有格調的人。（p. 176）

民主的文明素養的養成也正是如此。根據歐克夏在他〈學與教〉（Learning and Teaching）一文之中所發展出來的論證，我得出一個結論：民主文明素養的諸多價值傳遞，主要是靠學校成員的行爲表現。

就學校的老師而言，他的行爲不只是代表自己而已。做爲個體，學校老師可以根據自己對蘊含在文明素養中的諸多價值做權衡，而給予不同輕重的強調。但從另一個角度而言，之前也提過，任何的機制也都會有它們的行爲規範，所以做爲學校個別成員的老師，其行爲就會相當重要。做爲學校的教師，他們需要了解社會的規範、慣例及社會對其成員行爲的期許所代表的意涵，只有如此，他們的行爲才不會不自覺牴觸民主文明素養的理念。這也包括了老師應刻意教導學生要有禮貌，尤其是要教來自於社經背景非常不同的學生，因爲他們對於善意的表達有不同的方式。

學校越關注與文明素養有關的細節，民主文明素養的教育就會越有成效。就學校的活動性質而言，陶成學生文明素養的教育活動，會發生在各種不同的教學活動之中。例如：英文老師會強調，在寫作時需要在意讀者的理解，在這樣的強調中，他們會提醒學生，假如寫的東西要給很多人閱讀，文字就須有某些講究（如清晰性）。如此的要求，就是來自於對讀

者的關心。基於此，我們就會同意英國小說家毛姆（Somerset Maugham, 1874-1965）[4] 的話：寫出好的文字就是有禮貌的表現（1951, p. 25）。

　　學校老師、學校的組織運作及學校風氣，都會間接體現文明素養。但在某些時候，老師也須明確地讓學生專注於文明素養的要求，對小學生尤其如此，這是因爲他們也許要學習在特定情況下的恰當行爲表現，老師也須經常提醒他們已經知道的禮貌。除此之外，老師要鼓勵小孩子去了解，不同的文化傳統在如何表達對別人的善意上，也會有不同的方式，自己學到的文明素養表達，並不是唯一的方式。至於青少年呢？他們也許對老師所要求的或傳遞的文明素養表現有所質疑，所以會在口頭上挑戰老師，也可能在行爲上根本就我行我素。或許他們會認爲，正義和個人的自主事關重大，相較之下，文明素養的重要性就等而次之。老師在面臨上述年齡大小不等的學生時，都需要反思民主文明素養的意涵。在面對年齡較小的學生時，老師可以適切堅持某些行爲方式才是對他人表達善意的正確做法，在如此做的時候，老師不須擔心他在強迫學生接受一套白人中產階級的價值觀。在面對青少年的抗議質疑時，老師可以鼓勵他們去釐清當下抗議事件當中相衝突的價值，並進一步協助學生來權衡它們的輕重。

　　直接處理小學生和青少年在文明素養方面的問題，基本上有隨機應變的性質。學校中的日常事件，常會讓老師注意到學生文明素養方面的問題。當學生對社會的了解越多，讓他們來反思社會生活中文明素養問題的空間就越大，他們對文明素養的了解也就不會流於狹隘了。由於我們傾向於相信自己成長過程當中的風俗習慣，就是對人表達善意的唯一方式。這種傾向使得我們不會去反思自己視爲理所當然的想法。而當我們接觸到其他的風俗習慣時，我們也就會認爲，那些習慣是錯的或起碼不如我們所熟悉的習慣。休姆（1959）就曾告訴過我們：

---

[4]　Somerset Maugham 是二十世紀初的小說家及劇作家，寫出了許多賣作小說。

許多教養的方式通常不是刻意的，也沒有一定的模式。但它們表達的意涵都相同。一個西班牙人在送客時，通常會比他的客人先踏出家門，以表示他把他所有的家當留給了客人；在其他國家，主人最後才會走出家門，以表示他對客人的敬重和關心。（p. 244）

學校當中的許多課程（如外語、地理、歷史、英文），與來自不同文化的學生的相處，都提供了我們了解不同習俗會表達相同價值的機會。

　　這本書從頭到尾的重點，都是在強調學校整體的氛圍及學校成員人際關係的品質的重要性。而本章則主張，民主文明素養的理念應在學校氛圍及人際關係的營造中占有一定的分量，民主文明素養也是課程當中值得我們反思的議題。沒有民主文明素養這部分，公民教育就不會完整。

第九章

結　語
（Concluding Remarks）

　　前面章節當中所討論的盼望、對社會的信心、勇敢、自重、自尊、友誼、信任、誠實及文明素養等，都是公民教育中的不同面向，而那些討論可以說是工作的開端而已。說它們是工作的開端，是說針對它們的討論還引發了許多我們尚未處理的後續問題。那些後續問題不僅本身有趣，而且複雜難解。也不僅如此，在我看來，還有許多與民主公民生活直接有關的品性尚待探索。在我這本書接近完成時，有些與我討論主題有關的研究陸續出版，比如說忠誠（loyalty, Fletcher, 1993）、感恩（gratitude, McConnell, 1993）、耐心（patience, Callan, 1993）、公共生活中的憤怒（anger, Nussbaum, 1994）及悲憫（mercy）等，這些研究都提供了與公民教育有關的素材。

　　說這本書只是討論公民美德的起頭，還有另一層意義。在本書第一章當中，提到我所討論的品性需要教育現場工作者發揮他們的想像力，來考量那些品性在他們工作場域中如何實踐的問題。以盼望為例。在小學當中，對年幼兒童談論「對民主社會要保有盼望」是件有意義的事嗎？

假如有意義，這工作的性質勢必與鼓勵青少年要對民主社會持有盼望會有所不同（青少年對政治通常會有猜忌與不信任）。同樣地，教導小學生和中學生如何處理他們的友誼問題，其所需要的教學技能也不同。在我的經驗中，與不同族裔的學生討論和品性有關的議題時，通常會引發他們注意到與主流社會相左的價值。比如說，在與希臘學生討論友誼時，我發現有些文化會把好客（hospitality）看得異常重要，重要到會使客人覺得主人情深意重，讓他覺得有所虧欠。有位印度學生在論及責任時也呈現了一個另類觀點，這觀點強調「被動承受負擔」和「主動勇於任事」的價值一樣重要。再者，這本書也在在顯示（如羅遜對勇敢的處理和貝爾對信任的交代），女性哲學家會強調某些價值的特殊層面，她們讓我們認知到，那些價值原來有多個層面，而這是許多既有觀點所沒有告訴我們的。循線探索從本書的討論所衍生出來的新角度，可能會改變我們對諸多美德及它們之間關係的了解。這探索也會讓我們知道，不同傳統和族裔的人會看重不同的價值，他們對那些價值的優先順序及人生理想也有不同的想法。這樣的探索應該是民主社會當中的教育核心。

最後，假如民主品性在社會生活中的重要性及在培育上的複雜性，有如本書所描述般，那麼，在這個領域中的教育政策就需要有新的做法。全世界的政府通常不會認為道德和公民教育有什麼太大的困難，它們會認為，教師工作的重點是學科知識的傳授，道德教育和公民教育是教師在教學之餘順便可以進行的工作。本書的討論突顯了道德教育和公民教育的複雜程度，揭露了上述政府觀點的不足；也顯示了，假如我們要培養負責和主動的民主公民，教師和學校機構就必須小心謹慎且嚴肅地關注這些領域。但對這些議題的了解，乃至如何來營造能培育民主品性的學習環境的判斷（不管這學習環境是龍蛇雜處的都會區、綠意盎然的郊區或偏遠的鄉村地區），並不是老師可以在上下班途中輕鬆達成的，老師需要時間來反思這些議題及如何地將他們的理解運用在他們的工作上。同樣重要地，老

師要能有時間與同事來討論：如何來營造學校，使學生能夠成為對民主社會有盼望的、有信心的、勇敢的、誠實的和自我尊重的公民，這些公民能夠看重自己，也知道如何及何時去信任（或不信任）特定的人和機構，並能深刻體驗到友誼的多重樂趣。

參考文獻

Andrews, S. (1989). The ignominy of raised hands. In C. Harber & R. Meighan (Eds.), *The democratic school: Educational management and the practice of democracy* (pp. 146-156). Ticknell, United Kingdom: Education Now.

Aristotle. (1984). *The complete works of Aristotle* (J. Barnes, Ed.). Princeton, NJ: Princeton University Press.

Bacon, F. (1985). *The essays*. Harmondsworth, U.K.: Penguin. (Original work published 1625)

Baier, A. (1986). Trust and antitrust. *Ethics, 96*, 231-260.

Baier, A. C. (1990). Why honesty is a hard virtue. In O. Flanagan & A. O. Rorty (Eds.), *Identity, character and morality* (pp. 259-282). Cambridge, MA: MIT Press.

Barnes, J. (1981). *Metroland*. London: Robin Clark.

Barnes, J. (1987). *Staring at the sun*. London: Pan.

Bellah, R. N., Madsen, R., Sullivan, W. M., Swidler, A., & Tipton, S. M. (1985). *Habits of the heart: Individualism and commitment in American life*. Berkeley: University of California Press.

Bloch, Ernst (1986). *The principle of hope*. Oxford, U.K.: Blackwell.

Blum, L. (1980). *Friendship, altruism and morality*. London: Routledge.

Boggan, S. (1991, February 25). 10,000 POWs begin the flood that could slow the assault. *The Independent* (London), p. 1.

Bok, S. (1978). *Lying: Moral choice in public and private life*. Hassocks, United Kingdom: Harvester.

Bok, S. (1984). *Secrets: On the ethics of concealment and revelation*. Oxford, United Kingdom: Oxford University Press.

Brookner, A. (1982). *Look at me*. London: Triad Grafton.

Callan, E. (1993). Patience and courage. *Philosophy, 68*(266), 523-539.

Carr, W. (1991). Education for democracy? A philosophical analysis of the national curriculum. *Journal of the Philosophy of Education, 25*(2), 183-191.

Carson, M. (1989). *Sucking sherbert lemons*. London: Black Swan.

Casey, J. (1990). *Pagan virtue: An essay in ethics*. Oxford, United Kingdom: Clarendon.

Chang, J. (1993). *Wild swans: Three daughters of China*. London: Flamingo.

Chesterton, G. K. (1919). *Heretics*. London: John Lane, The Bodley Head.

Cicero. (1971). Laelius: On friendship. In M. Grant (trans.), *On the good life* (pp. 172-227). Harmondsworth, United Kingdom: Penguin.

Colegate, I. (1988). *Deceits of time*. London: Hamish Hamilton.

Cooper, J. (1980). *Aristotle on friendship.* In A. O. Rorty (Ed.), *Essays on Aristotle's ethics* (pp. 301-340). London: University of California Press.

Cox C., Douglas-Home, J., Marks, J., Norcross, L., & Scruton, R. (1986). *Whose schools? A radical manifesto.* London: Hillgate Group.

Crick, B., & Porter, A. (1978). *Political education and political literacy*. Harlow, U.K.: Longman.

Dewey, J. (1963). *Democracy and education*. New York: Macmillan. (Original work published 1916)

Dunn, J. (1988). Trust and political agency. In D. Gambetta (Ed.), *Trust: Making and breaking cooperative relations* (pp. 73-93). Oxford, U.K.: Basil Blackwell.

Dworkin, R. (1977). *Taking rights seriously*. London: Duckworth.

Dworkin, R. (1985). *A matter of principle*. London: Harvard University Press.

Elliott, R. K. (1989). Self-knowledge and education. In P. White (Ed.), *Personal and social education: Philosophical perspectives* (pp. 34-53). London: Kogan Page.

Ellmann, R. (Ed.). (1975). *Selected letters of James Joyce*. London: Faber & Faber.

Fielding, M. (1985). Celebration—valuing what we do. In R. Blatchford (Ed.), *Managing the secondary school* (pp. 170-185). London: Bell & Hyman.

Fisher, M. (1990). *Personal love*. London: Duckworth.

Fletcher, G. P. (1993). *Loyalty: An essay on the morality of relationships*. Oxford, U.K.: Oxford University Press.

Foot, P. (1981). *Virtues and vices*. Oxford, U.K.: Blackwell.

Forster, E. M. (1976). *Two cheers for democracy*. Harmondsworth, U.K.: Penguin.

Gambetta, D. (1988). *Trust: Making and breaking cooperative relations*. Oxford, U.K.: Basil Blackwell.

Giroux, H. (1989). *Schooling for democracy: Critical pedagogy in the modern age*. London: Routledge.

Godfrey, J. (1987). *A philosophy of human hope*. Dordrecht, The Netherlands: Martinus Nijhoff.

Greene, G. (1971). *The heart of the matter*. London: Penguin.

Hargreaves, D. (1982). *The challenge for the comprehensive school*. London: Routledge & Kegan Paul.

Haydon, G. (1987). Towards a framework of commonly accepted values. In G. Haydon (Ed.), *Education for a pluralist society: Philosophical perspectives on the Swann report* (pp. 25-37) (Bedford Way Paper). London: Institute of Education, University of London.

Hayward, J. (Ed.). (1983). *Penguin book of English verse*. Harmondsworth, U.K.: Penguin Books Ltd.

Highsmith, P. (1977). *Edith's diary*. London: Heinemann.

Houston, B. (1993). Speaking candidly. In *Proceedings of the Philosophy of Education Society 1993* (pp. 110-113). Urbana: University of Illinois.

How the phone can cross wires. (1992, February 23). *The Independent on Sunday*.

Hume, D. (1959). *Hume's moral and political philosophy* (H. Aiken, Ed.). New York: Hafner.

Jarrell, R. (1987). *Pictures from an institution*. London: Faber.

Jones, M. (1987). Prejudice. In G. Haydon (Ed.), *Education for a pluralist society: Philosophical perspectives on the Swann report* (Bedford Way Paper, pp. 39-56). London: Institute of Education, University of London.

Kant, I. (1949). *Critique of practical reason and other writings in moral philosophy* (L. B. White, ed. and Trans.). Chicago: University of Chicago Press.

Kant, I. (1963). *Lectures on ethics* (L. Infield, Trans.). New York: Harper & Row.

Kekes, J. (1989). *Moral tradition and individuality*. Princeton, N.J.: Princeton University Press.

Kennedy, J. F. (1956). *Profiles in courage*. New York: Harper & Row.

Kenny, A. (1992). *The metaphysics of mind*. Oxford, U.K.: Oxford University Press.

Lane, R. E. (1982). Government and self-esteem. *Political theory, 10*(1), 5-31.

Levi, P. (1987). *If this is a man*. London: Abacus.

Lowell, R. (1964). During fever. In *Life Studies*. New York: Farrar, Strauss & Giroux.

Luhmann, N. (1979). *Trust and power*. Chichester, U.K.: Wiley.

MacIntyre, A. (1984). *After virtue* (2nd ed.). Notre Dame, IN: University of Notre Dame Press.

Malamud, B. (1968). *A new life*. Harmondsworth, U.K.: Penguin.

Marcel, G. (1967). Desire and hope. In N. Lawrence & D. O'Connor (Eds.), *Readings in existential phenomenology* (pp. 278-286). Englewood Cliffs, NJ: Prentice-Hall.

Marquez, G. G. (1988). *Love in the time of cholera.* London: Cape.

Martin, J. R. (1993). Curriculum and the mirror of knowledge. In R. Barrow and P. White (Eds.), *Beyond liberal education: Essays in honour of Paul H. Hirst* (pp. 107-128). London: Routledge.

Maugham, W. S. (1951). *The summing up.* London: Heinemann.

McConnell, T. (1993). *Gratitude.* Philadelphia: Temple University Press.

McGurk, H. (1987). *What next.* London: Economic and Social Research Council.

McLaughlin, T. H. (1992). Citizenship, diversity and education: A philosophical perspective. *Journal of Moral Education*, *21*(3), 235-250.

Michell, G. (1990). Women and lying: A pragmatic and semantic analysis of telling it slant. In A. Y. al-Hibri & M. A. Simons (Eds.), *Hypatia reborn* (pp. 175-191). Bloomington: Indiana University Press.

Moseley, J. (1993). *Turn your school around.* Wisbech, U.K.: Learning Development Aids.

Nagel, T. (1979). The fragmentation of values. In *Mortal questions* (pp. 128-141). Cambridge, United Kingdom: Cambridge University Press.

National Curriculum Council. (1990). *Education for citizenship.* London: Her Majesty's Stationery Office.

Nielsen, K. (1985). *Equality and liberty: A defense of radical egalitarianism.* Totowa, NJ: Rowan & Allanheld.

Nozick, R. (1974). *Anarchy, state and utopia.* Oxford, U.K.: Blackwell.

Nussbaum, M. (1986). *The fragility of goodness.* Cambridge, U.K.: Cambridge University Press.

Nussbaum, M. (1994). *The therapy of desire: Theory and practice in Hellenistic ethics.* Princeton, NJ: Princeton University Press.

Oakeshott, M. (1973). Learning and teaching. In R. S. Peters (Ed.), *The concept of education* (pp. 156-176). London: Routledge.

O'Hear, P., & White, J. (1991). *A national curriculum for all: Laying the foundations for success* (IPPR Education and Training Paper No. 6). London: Institute for Public Policy Research.

Palma, A. B. (1991). Philosophizing. *Philosophy*, *66*(255), 41-51.

Power, V. (1993, August 12). Given room to be themselves. *The Independent*

(London).

Rawls, J. (1973). *A theory of justice*. Oxford, U.K.: Oxford University Press.

Rawls, J. (1985). Justice as fairness: Political not metaphysical. *Philosophy and Public Affairs, 14*, 223-251.

Rawls, J. (1993). *Political liberalism*. New York: Columbia University Press.

Raz, J. (1986). *The morality of freedom*. Oxford, U.K.: Clarendon.

Rorty, A. R. (1986). The two faces of courage. *Philosophy, 61*(236), 151-171.

Sabini, J., & Silver, M. (1982). *Moralities of everyday life*. Oxford, U.K.: Oxford University Press.

Sachs, D. (1982). How to distinguish self-respect from self-esteem. *Philosophy and Public Affairs, 10*, 346-360.

Sher, G. (1989). *Desert*. Princeton, NJ: Princeton University Press.

Shklar, J. (1984). *Ordinary vices*. London: Harvard University Press.

Singer, I. B. (1990). A peephole in the gate. In *The death of Methuselah* (pp. 93-120). London: Penguin.

Smith, R. (1985). *Freedom and discipline*. London: Allen & Unwin.

Spiecker, B. (1990). Forms of trust in education and development. *Studies in Philosophy and Education, 10*(2), 157-164.

Taylor, C. (1985). *Philosophy and the human sciences: Philosophical Papers*. Cambridge, U.K.: Cambridge University Press.

UNESCO. (1983). *Course of study for elementary schools in Japan*. Tokyo: Author.

Wallace, J. D. (1986). *Virtues and vices*. London: Cornell.

Walton, D. N. (1986). *Courage: A philosophical investigation*. London: University of California Press.

Walzer, M. (1983). *Spheres of justice: A defence of pluralism and equality*. Oxford, U.K.: Martin Robertson.

Warnock, M. (1986). The education of the emotions. In D. Cooper (Ed.), *Education, values and mind* (pp. 172-187). London: Routledge.

White, J. (1987). The quest for common values. In G. Haydon (Ed.), *Education for a pluralist society: Philosophical perspectives on the Swann report* (pp. 13-24). (Bedford Way Paper). London: Institute of Education, University of London.

White, J., & White, P. (1986). Education, liberalism and human good. In D. Cooper (Ed.), *Education, values and mind* (pp. 149-171). London: Routledge.

White, P. (1973). Education, democracy and the public interest. In R. S. Peters (Ed.), *Philosophy of education* (pp. 217-238). Oxford, U.K.: Oxford University Press.

White, P. (1983). *Beyond domination: An essay in the political* philosophy *of education*. London: Routledge.

White, P. (1988). The playground project: A democratic learning experience. In H. Lauder & P. Brown (Eds.), *Education: In search of a future* (pp. 192-206). Lewes, U.K.: Falmer.

Williams, B. (1978). Politics and moral character. In S. Hampshire (Ed.), *Public and private morality* (pp. 55-73). Cambridge, U.K.: Cambridge University Press.

Williams, B. (1981). Conflicts of values. In *Moral luck* (pp. 71-82). Cambridge, U.K.: Cambridge University Press.

Williams, B. (1985). *Ethics and the limits of philosophy*. London: Fontana.

Williams, B. (1987). The primacy of dispositions. In G. Haydon (Ed.), *Education and values: The Richard Peters Lectures* (pp. 56-65). London: Institute of Education, University of London.

Williams, R. (1979). *Modern tragedy*. London: Verso.

Wilson, J. (1987). *A preface* to *morality*. London: Macmillan.

Wringe, C. (1992). The ambiguities of education for active citizenship. *Journal of Philosophy of Education, 26*(1), 29-38.

附　錄

受臺灣教育哲學圈忽視的倫敦路線學者
Patricia White
（Patricia White: An Unfamiliar London Line Figure to Taiwan's Philosophers of Education）

壹、為什麼臺灣教育哲學圈不太認識 Patricia White？

　　在中文世界教育哲學領域中的學者，知道 Patricia White 的人並不多；在認識她的人當中，知道她學說大要的人也應該是屈指可數。就我們所知，即使她曾在 1998 年造訪過臺灣，且在臺師大及當時的臺北市立師範學院做過講演或發表過論文，但僅有從中研院退休的郭實渝（1992）有一篇專文來介紹她的教育學說[1]。在中國大陸，少數研究公民教育的學者會提到她的主張，但只是隻言片語（馮周卓、付泉平，2002；馮建軍，2011，2012；楊朝建，2013），研究教育哲學的人也會提到她，但講的是她與 Paul Hirst 合編的教育哲學選集（石中英譯，2003），除此之外，能找到的就是在北京師大任教的學者朱紅文（1998）翻譯了她的書《公民美德和公共學校教育》（*Civic Virtues and Public Schooling*），研究公民教育

---

[1] 我們要謝謝屏東大學的簡成熙教授提供了這個訊息。

的大陸學者在提到她的主張時，都本於這翻譯[2]。

　　Patricia White 其實是英國分析取向教育哲學（analytic philosophy of education）的先驅團隊人物之一。她的名氣不如他的老師 R. S. Peters（1919-2011）及 Paul Hirst（1927-2020），也不如她的先生 John White 及她在倫敦大學教育研究院的一些同事如 D. E. Cooper、R. K. Elliott 及 R. F. Dearden 等人。在諸多傑出的女性教育哲學家之中，她也不像美國學者 Jane Roland Martin、Maxine Greene 及 Nel Noddings 等人一樣的蜚聲國際。

　　她的知名度並不顯赫的原因之一，大概是她的教育學說沒有走在時代風潮的最前沿。她的老師 Peters 及 Hirst 是英國分析取向教育哲學的開路先鋒。他們的學說與著作開風氣之先，吸引了大量的目光、引起了許多學術上的爭議，對教育實踐也有相當的影響力（這影響力是透過倫敦大學及劍橋大學的學術地位、桃李滿天下的學生，以及他們擔任了各種教育委員會的委員所產生）。在分析取向教育哲學的先驅團隊當中，Patricia White 扮演的毋寧是後衛的角色。

　　另一個原因則可能是她的著作不是那麼豐碩。雖然她的學術生涯很長（1965 年迄今），但她的產出不如 Peters 及 Hirst，也遠不如 John White。她只獨立完成了兩本書，除了 1983 年出版的《宰制之外》（*Beyond Domination*），就是 1996 年出版的《公民美德和公共學校教育》。其實，她頗值得肯定的學術貢獻是她與 Hirst 合編了四冊書，這書爲《教育哲學：分析傳統中的主要議題》（*Philosophy of Education: Major Themes in the Analytic Tradition*）。這套書蒐集了 1960 年代到二十世紀末一共 78 篇的論文，是我們了解英語世界當中分析取向教育哲學研究成果的最佳選集，其中兩人投入的心血不能小覷。很可惜地，由於學術界比較不看重這種後製型的學術成果，所以會認定她對教育哲學界貢獻很

---

[2]　上海交通大學李春影博士幫我們搜尋了中國大陸的文獻，特此致謝。

大的人就不會太多。

　　第三個 Patricia White 不是那麼受矚目的原因，大概是她的學生並不多。就我們所知，在臺灣或中國大陸教育哲學界當中，並沒有她指導過的學生，所以也就沒有在臺灣或大陸傳她道的人。當然，她也有非常傑出的學生，在加拿大任教的 Robin Barrow 就是她指導的第一個博士。除此之外，之前在倫敦 University College London（UCL）任職的教授 Judith Suissa，是她在二十一世紀初培養出來的博士。大略來說，由於她指導的學生並不多，所以在英國乃至國際上介紹她教育主張的人就不多。此外，由於她沒有取得教授職位，在行政工作上也不太積極，也是導致她沒有得到大名的原因。

貳、為什麼要向臺灣教育哲學圈來介紹 Patricia White

　　在上述的交代背景下，我們又為什麼要來介紹 Patricia White 的學思歷程？可說的理由大至有下面幾個。

　　第一，Patricia White 的名氣雖然並不響亮、她的教育主張也沒有引起太大的關注，但她一輩子關心自由民主（嚴格而言，參與式的自由民主），企圖透過教育的作為來培養民主人（democrat），並希望藉由民主人來落實民主的價值、強化民主政治的體制和民主社會。她終身對民主的認同、維護，乃至要去建立一個可長可久的民主社會，值得我們的肯定。尤其臺灣 1990 年起實施了民主政治體制，且正轉型蛻變為一個較成熟的民主社會，Patricia White 在政治教育[3] 及民主美德兩個議題上有系統

---

[3]　在 Patricia White 的論述中，政治教育（political education）和公民教育（civic education）兩個概念經常交替使用。原因可能是她把政治看做眾人之事的活動，因此政治教育就是「培養學生具有參與公共事務能力的活動」，就此而

的論述成果，值得臺灣教育學術界的了解與參考。

　　第二，若說 Patricia White 在教育方面的論述沒有創見，其實並不公允。在她的教育主張中，教育目標主要就是在爲民主社會來培養公民，而不是在培養個人具有自我實現的能力或爲社會國家造就其所需要的人才資源。著眼於此，她就沒有把政治教育當做是正式學校教育當中的一部分而已。相反地，她主張，諸多的教育活動（如學科知識的學習和其他種種與技能和態度有關的教育活動）應該依歸於政治教育，它們是構成政治教育中的重要元素（White, 1973, 1983）。這種把政治教育當做主要的教育架構，而來涵攝其他教育活動的主張，其實具有新意。她把教育圖像很具體地做了一個顛倒，而這種圖像具有相當的原創性。以至於到今天，我們對她的教育主張要旨還是有些陌生。

　　第三，Patricia White 是位關心現實世界的教育哲學工作者。她始終沒有把哲學當做是理論性的學科知識，她重視教育哲學的實踐層面（White, 1983, p. 2）。因爲如此的關懷，在她學術生涯的過程當中，她一直把心力放在教育實務問題的了解及解決上，這尤其表現在她對政治教育的處理。不管是政治教育的觀念、具體內容及細部的規劃，她都有所著墨。和 John White 一樣[4]，她不是說空話的教育理論家，她是能結合哲學和教育實踐的教育哲學工作者。就這一點而言，她的做法值得臺灣教育哲學工作者的參考。

　　第四，臺灣教育學術圈暨政治學和哲學領域中，有些同道關心政治教育，另外有些則關心品格教育（品德教育），但在實際運作上，他們大致

言，政治教育就是公民教育了。在這一點上，她可能受到前輩學者 Bernard Crick（1929-2008）的影響。

[4]　近年來，John White 對教育哲學應擔負功能的看法已接近杜威，參見 J. White（2013）。

隸屬於不同的學術社群。由 Patricia White 終身努力於政治教育和民主美德這些主題及其論述成果來看，她很成功地把政治教育及品格教育做了一個融合。這對臺灣學術圈從事政治教育和品格教育的工作者，起了一種示範作用。希望臺灣學術圈的同道，能夠攜手合作來建構一個公民品格教育的大架構。

第五，近年來臺灣社會對品格教育相當的關注，不管是政府和民間都投注了大量的心血與人力，希望透過品格教育的推動來提升臺灣社會的品質（如張榮發文教基金會、宏達電文教基金會都致力於品格教育的推動）。Patricia White 的《公民美德和公共學校教育》及與美德相關的著作，可說是她苦心孤詣之作，具有大量的實踐智慧，可供臺灣推動品格教育或民主教育的工作者來參考。我們希望臺灣教育學術圈在未來能深入了解她的這本書。

第六，Patricia White 撰寫《公民美德和公共學校教育》及與美德有關論文的手法，也值得臺灣教育哲學工作者的參考。她在她的論述當中引用了許多文學的素材，也夾雜了她個人的人生體驗。這使得她的論述格外能貼近與穿透現實人生，讀來讓人覺得親切、寫實，且能發人深省，比較沒有一般哲學論述當中慣有的枯澀。臺灣教育哲學工作者的論述，相形之下較難讓人親近。這一點是 Patricia White 可以讓我們學習的地方。

在以下，我們要對 Patricia White 的學術發展歷程及她對教育哲學界的貢獻做提綱挈領式的介紹。

參、Patricia White 如何到了倫大教育研究院？

在〈從女體結構到公民美德〉一文中，Patricia White（2008）對她為什麼走上教育哲學之路、她在 1965-2008 年之間學術發展的幾個主軸及影響她的師友等，有個概略的勾勒。

　　在 Patricia White（2008）的這篇文章當中，她告訴我們，她出生於英國勞工階級家庭，父親是個機械廠技工，母親是個店員，在英格蘭布里斯托（Bristol）勞工階級的社區長大。她描述小時候的居家環境：家裡有煤炭爐、瓦斯照明，沒有浴室，廁所在屋外，只有三本書，分別是《圖示家庭醫學》、《圖示百科知識》、《新英文字典》；家裡有個寫字墊板，用來書寫與學校聯絡的紙條，除此並沒有其他的紙張（White, 2008, p. 279）。

　　她上的是公立小學，在通過了當時分流測驗（11+）後，進了一所公立中學就讀。事後想起，她對這段教育經驗頗為滿意。中學的教育引發她對知識的興趣，也改變了她的一生。所謂改變她的一生，是說她後來繼續升學，在布里斯托大學修習德文，1958 年取得了學士學位，並接著參加了學士後師資培育學程（PGCE），在 1959 年取得了教師資格，隨即任教於伍斯特市立女子文法中學（City of Worcester Grammar School for Girls），擔任德文教師。Patricia White 喜歡教書的工作。由於她是學校裡唯一的德文教師，所以各年級的德文課都是她上。班上的學生不多，年齡與她差距也不大，熱衷學習，準備參加大學的入學考試。Patricia 花了許多時間和學生討論德國文學家（如 Kafka、Schiller、Hölderlin 及 Heine）的作品。用她自己的話，她告訴我們：從我任教的第一天開始，教學對我而言就是一件愉快的事（White, 2008, p. 279）。

　　雖然在那女子文法中學的教學工作令人愉快，但她對校長的一些作為卻不以為然。這不以為然的感受，也正是讓她後來走上教育哲學之路的主要原因之一。原來，在她擔任德文教師的第二年，學校來了一位新校長，新官上任三把火的第一把火，就是規定學校女性教職員的穿著一定要遮住上胳膊。為什麼？校長的理由是：因為上胳膊是女性身體當中最醜陋的一部分，所以一定得遮掩起來，起碼一定要蓋到手肘。這個規定惹火了 Patricia，她告訴我們，這規定對她有終身的影響，因為這規定（還外

加了其他絕不可挑戰的新規定）讓她開始思考一些問題，例如：學校體制的基本性質及作用為何？校長所具權威的基礎為何？學校對其教職員生的合法控制範圍為何？國家對學校的合法控制範圍為何（White, 2008, p. 279）？

　　為了解決心中的諸多疑惑，Patricia White 在 1962 年向她在布里斯托大學的老師求援。Professor Roger Wilson 是她在接受師培訓練時教過她的老師。Wilson 告訴她，倫敦大學教育研究院新聘了一位教授 R. S. Peters，以 Peters 的能耐及所採的研究取向，可以讓她學到她想學的教育理論（White, 2008, pp. 279-280）[5]。順著 Wilson 的引導，Patricia White 在 1962 年到了倫敦，並在倫敦找了一份教職。她在倫敦東區 Hackney 的一所中學擔任德文科的主任，並同時在倫大教育研究院註冊，想要取得一個以教育哲學暨教育社會學為主的文憑資格（Diploma in Philosophy and Sociology of Education）[6]。

肆、在倫大學士後教育文憑學程的際遇

　　Patricia 是個認真的人。在她到倫大就學之前，就開始閱讀了一些與教育理論有關的書籍。乍讀之後，她產生了一些疑惑。Wilson 要她到倫大研讀教育理論是否是一個正確的建議？因為她讀到的東西，或者是一套相對而言細膩但仍然讓人模糊懵懂的論述，或者就只是交代大哲學家對教育是什麼的看法（White, 2008, p. 280）。言下之意，她是在抱怨這些東

---

[5] 根據本文作者與 Patricia White 的郵電通訊。Roger Wilson 的專長是社會學，對學生很照顧，Patricia White 寫信給他時，他人在非洲剛果從事聯合國委託的專案。幾經輾轉，信才到他手上。他接到信後，很快地就回了信。

[6] 此處的文字參考了 Patricia White 提供給我們的 CV。英國城市東區的生活品質通常不如西區，一般是勞工階級的生活場域。

西並不能解決她心中原來有的問題。倫大的文憑學程會提供她什麼不一樣的學習機會？當時的倫大沒有讓懷著忐忑心情的 Patricia 失望！她在倫大碰到了影響她一生的兩位老師。也就是臺灣教育哲學社群熟稔非常的 R. S. Peters 及 Paul Hirst。

Patricia White 在 2008 的那篇文章當中，回憶了她在倫大追隨 Peters 及 Hirst 學習的一些片段。她告訴讀者，Peters 在課堂上經常說的，是他想把那些模糊不堪的教育論述整理清楚（to replace mush with mesh）。這一點對 Patricia 非常重要。分析取向教育哲學最重要的要求，就是把話說清楚、把論述中的概念說明白。對倫敦學派的教育哲學工作者（the London line）而言，概念分析是他們重要的工作，也是他們在 1960 年代中期時的主要工作（Hirst & Peters, 1970; White & White, 2022）。

Peters 當時在文憑學程中，主要擔任的課程是倫理學和政治哲學領域。Patricia White 告訴我們，Peters 在課堂上所教的東西最後完整呈現在他的名著《倫理學與教育》（*Ethics and Education*）。在上課時，Peters 先交代一些基本的理論，如直觀主義（intuitionism）、情緒論（emotivism）、效益主義（utilitarianism）等，然後再以這些理論為基礎，來建構他自己的基本立場，最後在那立場的架構當中來發展他的教育主張。而 Hirst 在當時的倫大主要做兩件事：一是處理哲學與教育基礎理論之間的關係；另一是建立課程發展的知識論基礎，也就是他後來有名的知識形式的理論（forms of knowledge theory）（White, 2008, p. 280）。

Patricia White 和這兩位老師的學術關係維持了一輩子。在這邊可提的有兩點。

第一，Patricia 從兩位老師學到「做哲學」（doing philosophy）的方法，也就是從分析哲學的角度來處理教育議題的研究方法。這種學習不單只是從閱讀分析取向的哲學文章，或根據兩位老師的教導而進行的做中學，

這種學習也來自於親炙兩位老師的示範。Patricia White 告訴我們，兩位老師會參與對方開的課[7]，在課堂上，他們會陳述自己的主張及支持那些主張的論證，彼此也會質疑及挑戰對方的想法。Patricia 學得很好，深受兩位老師的肯定。Peters 肯定她文字清楚，清楚到很容易就察覺到其中的錯誤（White, 2008, pp. 280-281）。兩位老師對她的高度肯定，使得他們在 1965 年，當她取得文憑，進一步修習碩士學位的第一年時，就延聘她到倫大教育研究院擔任講師，開啟了她在大學的教學和學術的生涯。這一點在之後會做進一步的交代。

第二，Patricia White 不僅在做學問的方法及態度上受到兩位老師的影響。兩位老師的教育主張及理論架構也影響了她的一生。1960 年代中期的倫大教育研究院，面臨英國高等教育的變革，亟需擴充教育哲學領域當中的教學人力。Peters 的興趣與專長原本就廣泛，他的興趣與專長之一是政治哲學及從政治哲學的觀點來探討教育議題。在教育哲學領域擴大及承擔工作加重的情況下，Peters 於是把政治哲學這塊領域的教學工作交給 Patricia White。她長期專注民主社會中應有什麼樣的教育（政治教育，公民教育），未嘗不是 Peters 無心插柳的結果。此外，由於當時 Paul Hirst 的知識形式理論看來周全，廣為當時教育哲學界所接受，Peters 也認可 Hirst 的理論（Hirst & Peters, 1970）。做為學生的 Patricia White，在她政治教育的主張中，也不意外地接受了 Hirst 的大致想法。她認為，各種類型的知識不僅有其本身的價值，也是政治教育（公民教育）當中的組成要素。

在修習文憑學程的階段中，Patricia White 另外也回憶起對她有影響的學者。他們對她的影響或者透過他們的著作，或者透過講堂中的授課。

---

[7] Patricia White 透過電子郵件告訴作者，1960 年代倫大教育學院擔任教育哲學教職的老師，常會去同事的課旁聽。

比如說，Patricia White 提到兩位美國學者的著作對她的影響。Kingsley Price 寫的一本書《教育及哲學思想》（*Education and Philosophical Thought*）就讓她印象深刻。她告訴讀者，Price 的書展現了如何用哲學的方法來處理及評估大哲學家的教育思想。另外一位美國學者是女性教育哲學家的先驅人物 Jane Roland Martin。Martin 的女性身分及她的一篇論文〈論事實之知化約為實踐之知〉（"On the Reduction of 'Knowing That' to 'Knowing How'"），對 White 有醍醐灌頂的作用。她說道，那篇文章是用典型分析哲學手法完成的教育哲學論文，文章的論述緊扣教育議題，發人深省。但更重要的是 Patricia White 意識到，在 1960 年代初期的英國，並沒有任何一位採用分析哲學視角來從事教育哲學論述的女性教育哲學工作者（White, 2008, p. 281）。根據這樣的反思，我們不妨可以推測，想成為一位有女性觀點的教育哲學工作者的念頭就在那時悄悄進入 Patricia 的心頭。

最後，在 Patricia White 攻讀文憑學程之時，接觸到了英國哲學家 Peter Winch。Winch 當時在 Birbeck College 當教授，著有《社會科學的理念》（*The Idea of a Social Science*），是本有創見且廣受注意的一本書（臺灣教育哲學工作者似乎沒有引介這本書）。Patricia White 告訴我們，Winch 的倫理學立場與 Peters 所帶領的倫敦路線學派相左。在 Winch 主持的研討課裡，讓她印象深刻的，並不是立場的問題，而是 Winch 對倫理學的嚴謹態度及他辯證的力道，他有時會花整堂課時間，來討論學生對他的一個質疑（White, 2008, p. 281）。

伍、成為倫大教育哲學教研團隊的一員

Patricia 在 1964 年取得了她的教育文憑資格。她受的訓練讓她覺得頗有收穫但還有精進的空間，於是她又再度成為倫大教育研究院碩士學程

（MA）的學生[8]。倫大設立教育哲學碩士學位學程乃是因應教育學士學位（Bachelor of Education, B. Ed.）學程的新設立，而教育學士學位的設立，乃著眼於提升中小學教師的專業水準。依照新的章程，參與教育學士學程的學生要修習社會學、哲學、心理學及歷史等基礎科目。為了培養有能力去教授這新學程學生的大學師資，Peters 與 Hirst 在倫大設立了教育哲學碩士學程（MA in Philosophy of Education）。這學程包括了一門教育哲學研討課（seminar）、兩門為期 30 個星期的選修課。這些選修課包括了倫理學、知識論、形上學、政治哲學和心理哲學等（倫大一學期為 10 週，一學年有三學期）（White, 2008, p. 281）。新設的 MA 學程加上原有的各式學程，Peters 感到自己領域之內的既有師資不足，於是要擴充教育哲學領域的陣容。1965 年是 Patricia White 進入倫大碩士學位學程當學生的第一年。由於受到老師的賞識，加上需人孔亟，於是 Peters 要她到倫大教育研究院擔任講師。當時的她還在倫敦東區的中學教書，不僅樂在教書的工作，還剛好準備接任學校副校長的職位，但若能加入 Peters 的教育哲學團隊並參與建構教育理論的工作，對 Patricia 而言也是高度誘人的機會。經過左右為難的考慮，她後來選擇到倫大任職，正式走上教育哲學之路（White, 2008, p. 281）。

之前提過，Patricia 加入 Peters 的教研團隊之後，Peters 就把他原來任教的政治哲學轉交給 White 的手上。在這邊需要做一些補充說明。

---

[8] 一般而言，英國大學的文憑學程較偏重實務，畢業時頒發文憑（diploma），通常修業一年；碩士學程畢業頒授學位（degree），偏重學術訓練，修業時間依不同碩士的類別而不等。Patricia White 的 MA 論文題目為 Types of Moral Learning: A conceptual investigation，指導教授是 R. S. Peters；經由電郵，她告訴本文作者，Peters 當時忙得不可開交，根本沒空看她的論文，倒是 Paul Hirst 和 John White 給了她一些幫助，但她的碩士論文還是得到了相當肯定（a distinction mark）。

　　第一，1960 年初的政治哲學其實還處在療傷止痛的階段。之所以如此說，是因為二十世紀初到二十世紀中葉的邏輯實證論（logical positivism）及初期的分析哲學（如 Bertrand Russell 的邏輯原子論及 L. Wittgenstein 的早期理論）的流行，嚴重質疑傳統形上學、倫理學、政治哲學、宗教哲學，乃至一切價值哲學的認知價值。1950 年代，政治哲學還被宣判過死刑，而在 1960 年初，雖然已見政治哲學的重生，但其元氣仍然不足。在這種了解之下，我們可以知道 Peters 可說是二戰之後，讓政治哲學復甦的先導人物之一（Peters & Benn, 1959）。而 Patricia White 在 1960 年中的接手，就正代表了薪火的傳承。他們當時可能沒有想到，在 1970 年後一直到現在，政治哲學已然成為當代哲學中的當紅炸子雞了。

　　第二，在主導政治哲學這一門課時，Patricia White 以民主理論的議題及問題為核心，她不僅會向學生引介古典政治哲學家的思想，也會讓學生跟上當代著名政治哲學家（如 B. Barry、J. Rawls、R. Nozick、R. Dworkin 等）的理論。課程當中所涵蓋的主要議題，涵蓋了權利、公民不服從、政治暴力、積極性差別待遇（positive discrimination）、公共利益、做為政治價值的博愛（fraternity）等。她很早就把 Rawls「做為公平的正義」（justice as fairness）的說法，介紹給學生（White, 2008, p. 282）。對政治哲學的興趣及從政治哲學的觀點來剖析教育議題，一直是 White 學術生涯當中不敢或忘的職志。

　　第三，Patricia White 在倫大教育研究院接下的職務其實非常繁重，這主要是因為 Peters 的雄心壯志。Peters 在 1962 年接下 L. A. Reid 在倫大教育研究院的教育哲學教授一職。他銳意革新，勇於任事，想提升教育哲學的檔次，讓教育哲學受到一般哲學家的看重，正式成為哲學中一個新的次級領域（a new sub-branch of philosophy），也可以是哲學系當中的一門選修課。Peters 的企圖，再加上 1960 年中新設的教育學士學程，連帶地讓倫大教育研究院也須設立新的學位學程，來培養大學當中教育

學領域的師資。當時在倫大教育哲學領域中，同時開設了 PGCE、MA、MPhil、Ph.D 等學程，吸引了海內外的眾多學生，把分析取向教育哲學引介到臺灣的歐陽教老師，就是當時的海外學生之一。在那時，跟隨 Peters 教研團隊的教師群，不僅在學期當中需要承擔教研的重任，即便在學期之外都還有其他的任務。原來，Peters 在學期之外還辦有教育哲學工作坊。Patricia 在一篇與 John White 合寫、回憶 Peters 的文章中告訴我們，Peters 精力充沛，在學期之外辦了許多活動，其中包括了為期一週的復活節哲學工作坊。這工作坊招生的對象，主要為對哲學有興趣的教師。在這工作坊中，Peters 會邀請知名哲學家擔任講演，講演完畢之後的小組討論，就由倫大教育哲學的教師團隊接手。在這一禮拜中，Patricia 和她的先生 John，從早要工作到晚上 10 點。除了與學員討論哲學外，還要招呼來講演的大牌學者。Patricia 提到她和 John 擁有的第一部黑白電視，就是在復活節哲學工作坊結束之後，為了舒壓而購置（White & White, 2022, section 3）。

最後還要提一點。Patricia White 和她的先生 John White 不僅是生活上的伴侶，也是工作崗位上的同仁和學術圈的同道，兩人合作寫過不少的文章。凡在倫大教育研究院待過的臺灣學生，都應受過他們兩位的照顧與提攜。雖然兩人在學術上經常彼此切磋琢磨，但 Patricia White 在 2008 年的學思歷程中卻沒有提及 John White 對她學術思想的貢獻和影響。本文作者曾去信詢問其中原委，她的說法是：他們兩人很早就刻意保持學術上的獨立自主，不要讓人總是覺得他們是一個聯合體（Whites），這表示他們雖然一生合作無間，但在學術人格上卻完全獨立。

陸、Patricia White 在教育哲學論述上的嶄露頭角

由於在倫大教育研究院主要擔任政治哲學方面的授課與發展，

Patricia 的研究很自然就會從政治哲學的觀點來討論與教育有關的議題。她最有興趣的問題就是：教育活動在政治的架構之下應扮演什麼角色？在她支持民主體制的前提下，那問題於是就轉而爲：在民主社會中，教育應承擔什麼樣的任務？

　　她的第一個研究成果是一篇論文〈教育、民主與公共利益〉（"Education, Democracy and the Public Interest"）。這篇論文刊登於大英教育哲學學會的機關學刊 *Proceedings of the Philosophy of Education Society of Great Britain*（Vol. 5, No. 1, Jan. 1971），後來 Peters 把它收到牛津大學出版的《教育哲學》（*Philosophy of Education*, 1973）一書。這篇論文可以說是 Patricia White 初試啼聲之作。假如我們仔細讀這篇文章，就會發現這篇文章完全體現了分析取向教育哲學的方法和精神。也就是先表明自己在論文中所關心的問題或所持之主張，接著透過概念分析的手法，把每一個重要概念說得清清楚楚。把概念說清楚的用意，一則在確定論文當中主要問題或特定主張的實質內涵及範圍，再則以概念澄清的結果做爲框架，來發展那支持一己立場或主張的證成（justification）。在一己主張或立場不同於他人的前提下，文章作者在證成發展過程當中，會秉持哲學的對話精神，不斷地提出論證（argument）來支持自己的主張，也不斷地會駁斥與她相左的見解，往來反覆，終而透過辯證的過程，來證成自己的立場或主張。Patricia White 的這篇文章，可拿來當做學習如何撰寫分析取向教育哲學論文的範本。

　　更具體一點的說，在這篇論文當中，Patricia White 提出的問題是：在一個大型、看重個人自主、接受多元價值的民主社會中，有什麼樣的政策可能會符合社會大眾的利益（the public interest）？面對這問題，她的答案是：在這樣的社會中，政治教育會是一項符合社會大眾利益的政策！爲了證成這主張，她仔細分析了公共大眾（the public）、利益（interest）、公共利益（the public interest）、爲公共大眾利益而採的行

動（acting in the public interest）等概念的意涵。在澄清了這些概念後，她就著手去證成爲何政治教育會是如此性質的政策，並進一步交代如此爲民主社會而進行的政治教育的實質內容。具體而言，這政治教育的內容包括了：教學生認識並接受「容忍」、「博愛」（fraternity）、「正義」及「對利益的考量」（consideration of interests）等價值；讓學生能認識民主社會當中的政治及社會機制，並了解這些機制如何運作；讓學生能接受一套內含有各種獨特形式知識（forms of knowledge）的博雅教育。之所以在此花篇幅來交代這篇文章大要，主要是想要指出 Patricia White 一貫關心的議題、她採取的研究視角與方法，以及她的論述往往緊扣教育實務，不落入常見玄虛的哲學陷阱[9]。

　　值得再強調的是，雖然政治教育這領域也不乏有重量級學者的關注（如 Bernard Crick），但在 1960 年和 1970 年的英國，它並不是教育學和政治學的重點。雖然如此，Patricia White 在 1960 年中耕耘政治教育這領域之後，就一直持續下去，五十年來始終不離不棄。當然，在任職倫大之後，她在政治教育這領域的研究成果，不單只是一篇廣受教育哲學學術界看重的論文而已。在這篇論文之後，她持續地處理與政治教育有關的議題，如政治教育在小學就應該可以實施、教師和校長應具備與政治教育有關的職能、政治教育與惡性灌輸（indoctrination）的不同、在課程中如何安置與政治教育相關的學科知識等等。

　　Patricia White 在政治教育議題上面持續的努力，到了 1983 年有了一個豐碩的成果，也就是《宰制之外》的出版。這本書是綜合整理她之前著作的結晶，在這本書中，她梳理了她的一些重要立場與預設，比較完整地勾勒了一個民主社會應有的政治教育。除此之外，這本書也包括了她對學

---

[9]　好多年前，Patricia 告訴本文作者，好多哲學家在談論教育理論的部分，往往頭頭是道，但一談到教育實務，就顯得卑之無甚高論。

校校長在政治教育的運作上應扮演角色的說明，及家長在自由民主的架構下與其子女應該有的關係的討論等。當然，她也承認，這本書也稱不上是詳盡，因為還有許多與政治教育有關的重要議題都還沒有處理，如媒體與教育互動的問題、高等教育當中的政治教育問題等，郭實渝（1992）在她的文章中較詳細說明了這本書的大要。

我在這裡不打算深入這本書的內容，我只想言簡意賅地陳述幾點，而這幾點對我們了解 Patricia White 的基本立場與學術發展會有一點幫助。之前已經提過，Patricia White 是個強力支持自由民主體制（liberal democracy）的教育哲學工作者，而她心目中的民主體制有如下的特質。

第一，民主社會當中對於什麼是幸福美好的生活（the good life）並沒有定於一尊的看法，在這個問題上沒有人是專家或權威，因此，每一個成熟的人在這個問題上就可以有自己的想法與行動。用專門一點的術語來說，在什麼是幸福美好的生活這問題上，Patricia White 是個不可知論者（agnostic）。在如此的立場下，她認定民主社會是個尊重個人自由選擇的社會，如此的民主社會也可說是個尊重多元價值的社會。

第二，既然民主社會尊重個人為自己決定的生活方式，在個人認定的幸福生活不會定於一尊的前提下，民主社會中的政府就有義務提供讓每一個人都能去追求幸福生活的基本善（primary goods）。這所謂的基本善其實是 John Rawls 所提出的概念，也就是任何幸福生活若要實現所必須要有的基本條件，如每一個人都應享有的政治自由、取得重要生活資源的均等機會，乃至基本的教育等。

第三，民主社會的存在、持續及蓬勃發展，靠的是具有民主品格（democratic character）的人。正義感及落實正義的意願、追求自己認定幸福生活的意願、能尊重和容忍別人對幸福生活的選擇及追求等，都是重要的民主品格。

　　第四，在諸多不同形式的自由民主體制當中，Patricia White 支持的是參與式民主（participatory democracy），而不是一般通行的代表式民主（representative democracy）。參與式民主是一種鼓勵社會成員積極參與其所屬團體決策及行動的民主體制，在參與式民主的理念當中，社會成員會秉持平等及博愛的精神，來參與各式各樣的社會團體或活動（如鄰里組織、職場團體、休閒活動中的團體等），而不限於狹義的政治團體或政治活動（如黨派、選舉、被選舉、政治倡議等）。參與式民主的核心理念是積極參與的公民精神、平等與博愛。

柒、研究主軸的轉向

　　在《宰制之外》這本書出版後，Patricia White 花了一些時間參與公共議題的討論。這些公共議題不例外也都和教育和政治教育有關。例如，核武、核能、同性戀、親子關係等議題（White, 2008, pp. 284-285）。簡略地說，在 1980 年代，Patricia White 的論述重點大多環繞在民主社會（民主政治）的體制及價值，也就是如何透過教育，讓一個理想的民主體制和社會能夠出現，但她在這工作告一段落後，逐漸察覺到她之前的論述有一個缺陷，那就是她忽略了民主品性（democratic disposition）的重要。她告訴我們，假如社會公民缺乏了民主品性，那麼民主體制的運作就不會順利，甚至會流於腐敗（White, 2008, p. 285; White, 1996, ch. 1）。其實，在《宰制之外》這本書當中，她早已說明了公民間的博愛（fraternity）做為一種民主品性的重要（White, 1983, pp. 70-75），只不過，在當時她並沒有用力強調民主品性之於民主社會的絕對重要性。但在上述的覺醒之後。她卯足全力來經營這個領域。

　　在這裡也值得另外提一點。那就是新亞里斯多德主義（neo-Aristotelianism）的復興。這復興具體表現在德行倫理學（virtue ethics）

的廣受看重，A. MacIntyre 在 1981 年的名著《德行之後》（*After Virtues*），尤其有推波助瀾的作用。亞里斯多德在幸福（eudaimonia）、實踐、實踐理性及德行等方面論述的重新被看重，不僅影響到德行倫理學的復興，也讓教育哲學的主軸論述和發展，有了改弦易轍的作用，這一點我們可從 Paul Hirst 的一些論文及他與 Wilfred Carr 的論辯中看得非常清楚。Patricia White 似乎也受到了新亞里斯多德主義這股潮流的驅動。她在 1980 年中期，就開始以民主美德為研究主題，並陸續有論文的產出[10]。終而在 1996 年將研究成果彙集成書，出版了《公民美德及公共學校教育》，而在 1996 年之後，她仍然致力於其他重要美德的說明，如感恩、原諒、憤怒等。

假如我們粗略比較 Patricia White 先後對民主和教育的關心，就可以發現，除了重點不同之外，她以民主美德為中心的論述方式與之前有顯著的不同。在論述民主美德時，除了個人的經驗外，她援引了許多文學，尤其是小說，來說明及支持她的論點。整個看來，有文學材料的論文，其調性因此就會放軟，但對非西方文明的人而言，閱讀的難度其實就會增

---

[10] 在此我們要謝謝一位不知名的同道。她／他告訴我們，Patricia White 在 2003 年的一篇論文 "Educating Investors: An exploration in virtue ethics" (in Jürgen Oelkers and Max Mangold, eds., *Demokratie, Bildung und Markt*, Lang-Verg) 也可用來佐證她受到德行倫理學復興的影響。這位同道指出：「這篇論文談及要培養年輕人的財政能力（financial capability），除了牽涉到投資知識與技能的學習外，特別強調，同時需要培養他們對自我的認識（self-knowledge，譬如，認識到自己是否很固執己見，並且視放棄為失敗，以致在投資行為中更傾向於不懂得設置停損點，p. 376），以及投資者的德行（如明智〔prudence〕、勇敢、恐懼與貪婪等相關情緒控管等），並論及這些德行的教育，在公民（資質）教育及道德教育中的重要性。行文中，Patricia White 明確表示："This could be summed up by saying: Investors need an Aristotelian attitude."（2003, p. 376）。」

加。伴隨著文學作品的經常使用，是逐漸強調情感的訴求，而不只是聚焦於理性的說理。對人情及人際關係的深入，也是在她論述諸多民主美德時的重要特色。假如用比較富哲學的語言來說，Patricia White 在以民主美德為主題的論文裡，分析哲學的基調猶存，但已然被沖淡，而歐陸哲學的色彩則滲入許多。她在 2008 年的論文中提到 R. K. Elliott 對她的影響，就可以是例證（White, 2008, p. 285）。

捌、Patricia White 對教育哲學學術社群的貢獻

以上花了較多篇幅交代 Patricia White 的學術發展歷程。在此可另外花一些時間來介紹她對教育哲學學術社群的貢獻。她除了在倫大教育學院教育哲學群組擔任過主任外（時間不長，多屬代理性質），還長期在「大英教育哲學學會」及其機關學報（*Journal of Philosophy of Education*）負責過各種職務，一直到今天（2023），從無間斷。她和先生 John 攜手合作，在英國教育哲學學術圈有如定海神針一般，不斷思考如何與時俱進 [11]。雖然英國大學當中教育哲學的職缺減少了，但大英教育哲學學會的活動及學刊非但沒有同步縮編，反而越趨壯大 [12]，吸納了全世界的教育哲學工作者的參與，可說是執英語世界當中教育哲學領域之牛耳。

---

[11] 根據本文作者與 Patricia White 相處後的了解，由於倫大教育哲學教授一職有指標性的意義，每當此職位出缺時，Patricia White 夫婦就會花時間來思考誰會是較適當的人選。

[12] 英國教育哲學的蓬勃發展與英國大學的研究評鑑（Research Assessment Exercise, RAE）、英語成為主要的國際語言，乃至許多國家同時強調大學教師的研究表現或許有關。有關英國 RAE 的介紹，可參考 "Research Assessment Evaluation", *Wikipedia*, https://en.wikipedia.org/wiki/Research_Assessment_Exercise

　　Patricia White 在她的學術生涯中，另外還花了許多時間擔任專書和期刊特別號的主編。在擔任主編的專書中，特別要提的是 1998 年與 Paul Hirst 合作編輯的《教育哲學：分析傳統中的主要議題》。之前提過，此書一共有四冊，做為編輯之一的 Patricia White，要從卷帙浩繁的書籍和期刊中，篩選出有代表性的文章。這工作耗費心力、體力、眼力與時間，不在話下，兩位編輯對教育哲學界的貢獻永誌人心。另外一本專書則為 Patricia White 與 Robin Barrow 合作的成果，這書主要是表彰 Paul Hirst 對教育哲學界的貢獻（White & Barrow, 1993）。這本書及類似性質的書，如由 D. E. Cooper 擔任主編向 R. S. Peters 致敬的專書（Cooper, 1986），反映的是倫敦路線學者之間的相濡以沫和緊密團結（solidarity）。

　　Patricia White 對教育學術社群的長久貢獻，更表現在 2023 年替英國《教育哲學期刊》（*Journal of Philosophy of Education*）主編的 *The Paul Hirst Special Issue*（57[1], 2023）。Hirst 在 2020 年過世，為了表彰他不可磨滅的成就[13]，Patricia White 和 David Bridges 兩人合作擔任《教育哲學期刊》特刊的客座主編，從規劃到正式出刊一共長達兩年多。擔任客座主編之一的她身負重任，其中與投稿人、審稿人、期刊常務編輯、出版社之間的魚雁往返不計其數。考慮到她的年歲，這對她絕對是件沉重勞煩的工作。在與她一次通信中，本文作者一方面表達了對她親力而為的敬意，另一方面也告訴她，擔心她可能因為工作繁重和情緒的負擔而影響身體健康（替自己亦師亦友的人編輯紀念文章，不免會有情緒上的負擔），但她的回信則是一片淡定。她告訴本文作者，這是她覺得該做的事，因為這件事饒富意義。她的表述讓人留下深刻印象。

---

[13] Hirst 比 Peters 來得健康長壽。Peters 在 1962 年接倫大教育哲學的教授職缺，1970 年中，身體狀況就不佳，而 Hirst 的身體健康、精神矍鑠，從 1960 年中一直著述不輟到 2010 年，長達約五十年。

參考文獻

石中英（譯）（2003）。分析傳統與教育哲學：歷史的分析，**教育研究，284**，18-25。譯自 Hirst, Paul H. & White, Patricia (1998). The analytic tradition and philosophy of education: An historical perspective. In Paul Hirst & Patricia White (eds.), *Philosophy of Education, Vol. 1* (pp. 1-12). London: Routledge.

朱紅文（譯）（1998）。Patricia White 著。**公民品德與公共教育**（*Civic Virtues and Public Schooling*）。北京：教育科學出版社。

郭實渝（1992）。政治教育中「民主」概念的養成：論懷特的政治教育理論。載於郭實渝（主編），**中西教育專題研究**（頁 81-112）。臺北：中央研究院歐美研究所。

馮周卓、付泉平（2002）。公民權責教育：英國公民教育的新動向，**全球教育展望，31**(4)，66-69。

馮建軍（2011）。公民教育目標的當代建構，**教育學報，7**(3)，34-40。

馮建軍（2012）。教育轉型，人的轉型，公民教育，**高等教育研究，33**(4)，9-15。

楊朝建（2013）。帕特麗夏·懷特的自尊與自愛公民教育思想，**教育觀察，2**(1)，61-65。

Cooper, David E. (Ed.) (1986). *Education, Values and Mind: Essays for R.S. Peters*. London: Routledge and Kegan Paul.

Hirst, Paul H., & Peters, Richard S. (1970). *The Logic of Education*. London: Routledge and Kegan Paul.

Peters, Richard S., & Benn, Stanley I. (1959). *Social Principles and the Democratic State*. London: George Allen and Unwin.

White, John (2013). Philosophy, philosophy of education, and economic realities. *Theory and Research in Education*, *11*(3), 294-303.

White, Patricia (1973). Education, democracy and the public interest. In Richard S. Peters (Ed.), *The Philosophy of Education* (pp. 217-238). Oxford: Oxford University Press.

White, Patricia (1983). *Beyond Domination: An Essay in the Political Philosophy of Education*. London: Routledge.

White, Patricia (1996). *Civic Virtues and Public Schooling: Educating Citizens for a Democratic Society*. New York: Teachers College Press.

White, Patricia (2008). From female anatomy to civic virtues. In Leonard J. Waks (Ed.), *Leaders in Philosophy of Education: Intellectual Self Portraits* (pp. 279-

288). Rotterdam: Sense Publishers.

White, John, & White, Patricia (2022). Richard Peters and his Legacy, *London Review of Education*, *20*(1), 20.

White, Patricia, & Barrow, Robin (1993). *Beyond Liberal Education: Essays in Honour of Paul H. Hirst*. London: Routledge.

索　引

國家圖書館出版品預行編目資料

公民美德和公共學校教育：為民主培養的公民
／Patricia White著；但昭偉，洪銘國譯.
-- 初版. -- 臺北市：五南圖書出版股份有
限公司，2024.04
　面；　公分
譯自：Civic virtues and public
　　　 schooling : educating citizens
　　　 for a democratic society
ISBN 978-626-393-053-7（平裝）

1.CST: 公民教育　2.CST: 品格

528.3　　　　　　　　　　113001375

4I7C

公民美德和公共學校教育
為民主培養的公民

作　　　者 ── Patricia White

譯　　　者 ── 但昭偉、洪銘國

發 行 人 ── 楊榮川

總 經 理 ── 楊士清

總 編 輯 ── 楊秀麗

副總編輯 ── 黃文瓊

責任編輯 ── 郭雲周、李敏華

封面設計 ── 姚孝慈

出 版 者 ── 五南圖書出版股份有限公司

地　　　址：106臺北市大安區和平東路二段339號4樓

電　　　話：(02)2705-5066　　傳　　　真：(02)2706-6100

網　　　址：https://www.wunan.com.tw

電子郵件：wunan@wunan.com.tw

劃撥帳號：01068953

戶　　　名：五南圖書出版股份有限公司

法律顧問　林勝安律師

出版日期　2024年4月初版一刷

定　　　價　新臺幣350元